UNE VISITE

ROME ET L'ITALIE

Périgueux, imprimerie Boucharie et C⁰.

UNE VISITE

ROME ET L'ITALIE

PAR

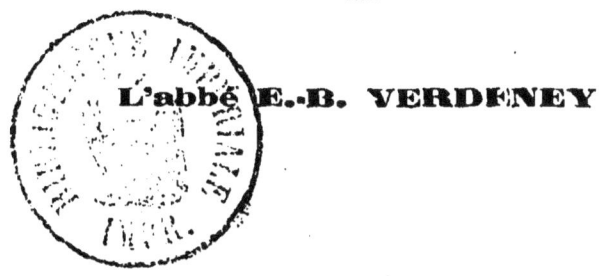

L'abbé E.-B. VERDENEY

PÉRIGUEUX
IMPRIMERIE BOUCHARIE ET C°, 3, RUE MATAGUERRE, ET 7, COURS FÉNELON

1868

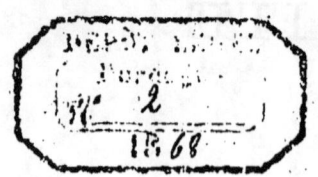

UNE VISITE

ROME ET L'ITALIE

Plusieurs routes s'offrent aux pélerins pour se rendre en Italie aux fêtes que Rome doit préparer à l'occasion du centenaire.

On peut aller prendre le bateau à vapeur qui va directement de Marseille à Civitta-Vecchia, c'est la voie de mer.

Une autre direction, non moins intéressante, parce qu'elle tient à la fois de la terre et de la mer, c'est celle suivie par les pélerins qui se rendent à Rome en visitant les principales villes du littoral de la péninsule. Dans ce voyage on se propose une petite halte à Nice, à Gênes, à Pise, à Livourne et à Civitta-Vecchia.

On compred tous les charmes que peut offrir un pareil voyage où se trouvent réunies et les beautés de la mer et la magnificence des côtes d'Italie.

Cet itinéraire a souri à la petite caravane dont nous faisons partie, et nous espérons pouvoir le suivre en revenant en France.

Mais dans un voyage important comme celui que nous avons entrepris, et dont nous ne perdrons jamais le souvenir, nous n'avons voulu négliger rien de ce qui pouvait nous le rendre plus intéressant et plus utile en multipliant sous nos pas les surprises des œuvres de Dieu et des œuvres de l'homme. Nous avons donc le projet de nous rendre à Rome par la haute Italie, c'est le troisième itinéraire que suit une partie des pélerins.

Nous sommes déjà en route depuis mardi à minuit que nous avons quitté la ville de Périgueux.

Pendant la première partie de la nuit, nous avons traversé les sombres taillis, et les marécages brumeux du Limousin. Au soleil levant nous avons vu s'étendre au loin devant nous les immenses pâturages souvent maigres de la Creuse peu fertile.

Et bientôt nous avons pu jouir de l'agréable coup d'œil que nous offrait la gracieuse petite ville d'Argenton qui se mire dans les eaux de la Creuse.

A peu de distance nos regards se sont délicieusement reposés sur le château de Chabenet, coquettement assis dans un massif de verdure.

Nous avons salué Châteauroux avec son imposante manufacture de tabacs, et Issoudun avec sa magnifique Eglise du Sacré-Cœur.

A Vierzon, nous avons pris la ligne du Bourbonnais, et grand a été notre regret de ne pouvoir nous arrêter pour étudier en détails, la tour, les cinq nefs, les cinq portiques, les clochetons et les galeries de l'imposante cathédrale de Bourges, que nous n'avons pu admirer que de loin.

Moulins nous a offert ses belles campagnes qui l'environnent, deux élégantes flèches, et sa Cathédrale qui se construit.

A deux kilomètres de la gare de la Palisse, — la petite ville de ce nom offre à la curiosité du voyageur le magnifique château de monsieur de la Palisse qui vit encore dans ses arrière-neveux, possesseurs du château.

En traversant Roanne, nous avons pu admirer les eaux claires et limpides de la Loire, et les importantes manufactures de tissus qui font la richesse de cette localité.

Entre Roanne et Saint-Etienne, une foule de sites aussi pittoresques que gracieux, tantôt sur les bords de la Loire, bien modeste dans les vallées et les gorges où elle se prépare à devenir un grand fleuve, tantôt au milieu des plaines les plus fertiles.

Nous n'étions pas encore à Saint-Étienne, que nous subissions l'influence de cette ville ouvrière. Les nombreux fourneaux de ses usines et de ses immenses ateliers trahissent au loin sa présence par l'épaisse fumée dont ils enveloppent les alentours.

En quittant Saint-Étienne, on ne rencontre partout que feux allumés, fourneaux et cheminées vomissant des colonnes et des nuages de la fumée la plus noire; et toutes ces usines, toutes ces forges, tous ces ateliers ne semblent être que les faubourgs de la grande ville ouvrière.

Nous sommes ce soir, à dix heures, à Lyon, demain au sanctuaire de Fourvière, et vendredi aux pieds des Alpes, que nous aurons à franchir pour entrer en Italie.

Jeudi matin nous avons gravi la sainte colline de Fourvières, un des pélerinages de la sainte Vierge, les plus fréquentés en France.

Ayant mis notre voyage d'Italie sous la protection de la Reine du clergé, nous avons eu un souvenir particulier pour nos parents, nos amis, et les fidèles confiés à nos soins.

En entrant dans ce sanctuaire, on ne peut se défendre d'une subite et profonde émotion qui vous gagne à la vue des nombreux pélerins qui se pressent, édifiants et recueillis, au pied des autels de Notre-Dame de Fourvières. La multitude prodigieuse de tableaux et d'ex-voto divers décorant les murs des trois nefs, redisent à tous les pélerins les grâces, la puissance, et les miracles de Marie sur cette colline privilégiée.

Et à notre grande édification, nous avons pu remarquer dans la foule pieuse, aux pieds des autels et à la sainte table, des officiers et des soldats de notre brave armée, des membres de notre magistrature, et d'honorables représentants de la Légion-d'Honneur.

En quittant ce sanctuaire béni, nous avons pu lire sur deux plaques de marbre, comment à des reprises différentes la municipalité de Lyon, a mis la ville sous la protection de la sainte Vierge en reconnaissance de deux épidémies qui ont épargné les Lyonnais.

Dans la cathédrale gothique de saint Jean, nous avons remarqué une horloge d'une forme toute particulière, et qui présente plusieurs cadrans dont nous n'avons pu reconnaître la destination, les inscriptions étant à moitié effacées.

Non loin de l'horloge, une chapelle où se trouvent, sur un magnifique lit de parade, les reliques de saint Exupère, objet d'une grande vénération, à en juger par les objets de piétés suspendus près de la châsse.

Dans la même chapelle, une plaque de marbre indique que là aussi, reposent les restes du cardinal Borgia, mort en 1804, en accompagnant le souverain pontife Pie VII, exilé en France.

Signalons, en passant, la gare, le cours et la place Napoléon, avec la statue équestre de Napoléon Ier.

Dans une seconde excursion, nous avons suivi les quais de la rive droite du Rhône, laissant sur la rive gauche la Guillotière et les Brotteaux. Sur notre route, nous avons rencontré l'Hôtel-Dieu et ses immenses bâtiments, la Bourse avec ses trois élégants pavillons, la charmante église gothique de Saint-Bonaventure, et la richesse des vitraux, seize magnifiques lustres éclairant les trois nefs, et un autel de la Vierge, vraie dentelle de pierre, où l'artiste a reproduit avec succès plusieurs scènes de la vie de la reine du ciel, ont facilement conquis notre admiration.

Quelle plus magnifique position que celle de la vieille cité romaine couchée au milieu de ce vaste cirque de montagnes, entre le Rhône rapide et la Saône paresseuse.

Au nord, le superbe côteau des Chartreux, le pittoresque Saint-Cyr, le Haut-Rhône, serpentant jusqu'à la grotte de la Balme, et la plaine immense du Dauphiné. N'oublions pas le camp de Sathonay, qu'on aperçoit dans le lointain, et Dardillers, qui a vu naître le vénérable curé d'Ars.

Au midi, des montagnes nuageuses; dans la plaine, des maisons, des clochers, des villes et des forêts qui sont comme des ombres de ce majestueux tableau.

Au flanc de la colline de Fourvières, sur les ruines de l'ancienne ville romaine, le touriste rencontre à chaque pas des vestiges de cette antique époque : des mosaïques, des statues brisées, des inscriptions très-rares, des restes d'aqueducs et de réservoirs bâtis par l'Empereur Claude, né à Fourvières dix ans avant Jésus-Christ. On voit aussi l'emplacement du forum de Trajan, et le canal romain qui avait 84 kilomètres de long, et qui amenait les eaux du mont Pilat à Fourvières.

En descendant de la sainte colline, nous avons suivi le quai de la rive droite de la Saône. Sur notre chemin, nous avons rencontré le Palais-de-Justice, avec ses vingt-quatre colonnes cannelées au chapiteau corinthien. La salle des Pas-Perdus nous a paru digne d'être visitée.

Nous n'avons point oublié le magnifique hôpital de l'Antiquaille, qui a offert à notre pieuse curiosité la crypte où fut martyrisé saint Pothin, premier évêque de Lyon, la colonne où fut attachée sainte Blandine, et l'anneau où elle fut suspendue par les cheveux. Tout près de l'Antiquaille se trouvent le grand séminaire et le couvent des Minimes.

Des hauteurs de Fourvières qui dominent Lyon et ses deux fleuves, nous avons vu un des plus beaux panoramas qu'il soit donné à l'homme de contempler.

Rien de plus saisissant que le double côteau au milieu duquel coule la Saône.

En remontant toujours le quai du Rhône, nous avons rencontré la place Tolozan et la statue du duc d'Albuféra, qui en est le plus bel ornement.

Peu éloignés du parc de la Tête-d'Or, nous sommes allés passer quelques instants au milieu du frais ombrage du Boulogne Lyonnais.

Et le soir, nous avons pu jouir du magnifique spectacle qu'offrait la place Louis-le-Grand, avec ses trois bassins et leurs puissantes gerbes, les fleurs qui décorent la pelouse de gazon, et la musique enfin qui, durant toute la journée, charme la foule nombreuse qui circule dans les allées d'arbres pleines de fraîcheur.

Notre promenade nous a conduits jusqu'à l'amphithéâtre, site vraiment pittoresque au milieu de la ville, avec son groupe de rochers caverneux d'où s'échappent quelques filets d'eau entretenus par un bassin supérieur. De là nous avons pu voir la rampe effrayante de la Croix-Rousse, où les wagons qui descendent forcent les autres à monter.

Notre dernière visite en rentrant à l'hôtel a été pour la rue Impériale, toute resplendissante de lumière au milieu des somptueux étalages de ses riches magasins.

En quittant Lyon, on rencontre plusieurs localités qui, par leurs manufactures et leurs usines, annoncent des succursales de la grande ville manufacturière. A peine entrés dans l'Ain, nous traversons la délicieuse et riche vallée de la Valbone (bonne vallée).

Arrivés à Ambérieux, la vapeur nous emporte au milieu de deux chaînes de montagnes qui appartiennent au Jura, tour-à-tour arides ou couvertes de pâturages et de bois, elles offrent de loin en loin des groupes de rochers formant comme d'immenses remparts chargés de défendre les gorges que traverse la vapeur.

N'oublions pas l'Albarine, petit ruisseau qui court en murmurant entre deux rives fleuries.

Nous voici à Culoz, quittons la ligne de Genève pour prendre celle d'Aix-les-Bains et de Chambéry.

Nous arrivons bientôt sur les bords magnifiques du lac du Bourget dont nous avons suivi les contours en traversant trois ou quatre tunnels ; ce qui est frappant, c'est que presque en sortant du dernier tunnel, on embrasse le lac dans son entier, et qu'on peut voir, défendues par des tours crénelées, les ouvertures des tunnels dont on vient de sortir.

Sur les bords opposés, est assise la gracieuse abbaye de Haute-Combe, où saint Bernard a dit sa première messe. Cette abbaye est le tombeau des rois de Savoie. On croit, nous a assuré un voyageur, que le cœur de Charles-Albert y a été déposé.

Nous saluons en passant la station thermale d'Aix-les-Bains, et nous arrivons le soir dans la ville de Chambéry. Nous visitons le château des ducs de Savoie, aujourd'hui la préfecture.

La cathédrale n'a rien de remarquable, des peintures de mauvais goût décorent mal sa voûte et ses murs. Nous avons préféré l'Église Notre-Dame, où nous avons rencontré un groupe remarquable en beau marbre blanc : la sainte Vierge, ayant à ses pieds deux pécheurs qu'elle bénit.

Le tombeau de l'autel en marbre blanc reproduit plusieurs mystères de la vie de la sainte Vierge. Signalons les magnifiques promenades que Chambéry possède, et la fontaine originale des éléphants, que M. Boigue, ancien général dans l'Indoustan, a fait élever à ses frais. Quatre énormes éléphants en bronze vomissent, par leur trompe, l'eau de la fontaine.

Nous avons encore remarqué la statue d'Antoine Favre, jurisconsulte distingué de Savoie, et le Pic-du-Nivelet, toujours couvert de nuages.

Non loin de Chambéry, en nous dirigeant vers Saint-Michel, au pied du Mont-Cenis, nous avons été agréablement surpris de voir çà et là de la neige sur les hautes cimes de montagnes où parfois se formaient les belles couleurs de l'arc-en-ciel.

Rien de gracieux comme les bords de l'Isère, que nous suivons longtemps ; ses flots tumultueux semblent aux vagues agitées de la mer. Et puis saint Pierre-d'Albini, gracieusement assis au pied de la montagne de ce nom, avec ses bois touffus, ses vertes pelouses et ses champs cultivés, le phare de Mioland, qui domine de beaucoup les monts environnants.

Aux approches de Saint-Jean-de-Maurienne, la température se rafraîchit, les montagnes deviennent plus élevées, et plus souvent aussi la neige couronne leur sommet.

Quoique siège épiscopal, Saint-Jean-de-Maurienne n'offre rien de remarquable. L'œil est plutôt attiré vers de jolies petites maisons blanches qui semblent attachées au flanc de la montagne, parmi de frais bouquets de verdure. Voici des ardoisières qui font la richesse du pays, et puis d'élégants clochers dont les flèches se détachent sur le vert sombre des bois comme des aiguilles d'or.

Nous sommes à St-Michel, où nous trouvons réunis des prêtres de toute langue et de tout pays. C'est l'anglais, c'est le normand, le belge et l'américain ; un seul but nous attire tous, un seul nom est sur nos lèvres, Rome et Pie IX. Recueillons-nous, les Alpes sont devant nous, nous allons les franchir pour entrer dans les riches plaines de l'Italie.

Prises sur les genoux, en wagon, dans les rues, sur les places, les notes que je vous envoie fourmillent sans doute d'imperfections littéraires, mais la bienveillance des lecteurs voudra bien, je l'espère, suppléer à tout ce que ces pages peuvent avoir de défectueux.

Installé dans une immense voiture nous quittons St.-Michel avec un fervent catholique, père de famille, arrivant du Canada et se dirigeant comme nous, vers la ville Éternelle. Il nous raconte comment Mgr. Grandin, évêque des Montagnes Rocheuses en Amérique, et coadjuteur de mgr. Tascher, évêque de St. Boniface, diocèse de la Rivière-Rouge, a fait trois cents lieues pour rejoindre son évêque, traîné par des chiens au milieu, comme on le pense, des plus grandes difficultés.

Ces deux évêques, sont allés trouver Mgr. Guig, évêque d'Octaw, capitale du Canada, et tous les trois sont partis pour assister aux grandes fêtes de Rome.

Avec nous voyageait aussi le curé de l'église de la Trinité de Cincinnati, accompagné d'un de ses riches fabriciens.

Pendant douze heures nous traversons les gorges, les cols, les pics des imposantes montagnes qui se dressent devant nous. Le temps est sombre: il fait froid. Dix-huit chevaux conduisent notre voiture au mont Cenis. Les montagnes sont fertiles et cultivées jusqu'au cordon de neige qui enlace le sommet. Des vignes, des champs de blé s'échelonnent en terrasse sur les flancs de la montagne.

Çà et là quelques cascades qui descendent en flots blancs comme du lait ; quelques églises et des villages bien pauvres bâtis dans la montagne; le torrent qui se fâche et gronde comme un fou, tels sont les sites et tableaux qui reviennent le plus souvent jusqu'au fort de Braman où des bouches de canon sont prêtes à repousser les attaques de l'ennemi. Mais avant d'arriver au fort de Braman nous avons rencontré les machines qui servent au percement du Cenis.

Jusqu'à la fontière encore quelques cascades, deux lacs, le torrent tumultueux et toujours la neige qui blanchit les pics et les monts qui nous dominent.

Arrivés à Landesbourg, la côte est plus rapide et dix-huit mulets remplacent nos chevaux pour arriver à la cime du mont Cenis. Un beau clair de lune ajoute au majestueux tableau des montagnes. Tout à coup, une nappe blanche nous apparaît près de la route, les Anglais descendent et nous avons la bonne fortune de nous rafraîchir avec la neige glacée des Alpes.

Un grand poteau nous apprend que nous venons de quitter la France.

Peu après on nous enlève nos mulets, et nous descendons en Italie en suivant les rampes les plus périlleuses. Nous sommes plusieurs fois suspendus sur des abîmes ; d'énormes colonnes de granit reliées ensemble par d'énormes poutres nous protégent contre les dangers que nous courons, bien plus sérieux que l'attaque dont nous avons craint d'être l'objet dans la montagne.

Réveillés en sursaut nous avons vu des figures inconnues aux vitres de nos portières. Chacun s'est disposé à se défendre, mais bientôt nous avons pu distinguer les muletiers réclamant leur pour-boire. D'ailleurs une attaque eût été mal reçue : les postillons et les Anglais étaient armés jusqu'aux dents, et plusieurs voyageurs portaient leur révolver et des couteaux-poignards.

Nous descendons à Suze vers les quatre heures après avoir vu nos bagages visités dans tous les sens. Rien de remarquable dans cette localité sinon les montagnes qui commandent à ces gorges avec leurs pics décharnés.

Vers les six heures nous prenons la ligne qui doit nous conduire à Turin.

En descendant dans cette ville, nous avons suivi le Cours-du-Roi avec ses deux rangées d'arbres et de maisons de construction semblable. Les croisées et les balcons pleins d'architecture, donnent à chaque façade un cachet tour à tour imposant ou gracieux suivant le style employé par l'artiste.

A la suite du Cours du Roi, l'immense place d'armes avec ses grands arbres, est fréquentée par les promeneurs en voitures ou à pied. De cette grande place, on a une très-belle vue sur les Alpes et surtout sur le mont Viso couvert de neige.

De magnifiques boulevards que nous avons suivis en partie, enlacent la ville de Turin dans une double rangée de beaux arbres et sont un de ses ornements.

Des jardins, au milieu d'un grand nombre de places dominées par la statue toujours martiale de quelque illustration du pays, donnent à Turin un cachet particulier qui fait pressentir qu'on va traverser la patrie des Beaux-Arts.

Comme nous aurions trop à raconter, contentons nous de signaler, sur la hauteur voisine, le château de Superga, vrai nid d'aigle qui sert de tombeau aux rois du Piémont, la statue de Pietro Mica, sauveur de la patrie, deux casernes crénelées dans la rue Tchernaïa, et les rues principales, ayant à gauche et à droite, d'imposantes galeries aux colonnes de granit.

Nous avons traversé la place de Savoie, celle *Della Consolata*, et l'église de ce nom, où le sanctuaire de la Vierge Marie nous a paru fréquemment visité par de nombreux pèlerins à en juger par l'affluence que nous y avons rencontrée.

Près de l'autel, nous avons pu remarquer un magnifique groupe en marbre blanc et de grandeur naturelle, avec cette inscription : A la mémoire de Marie-Thérèse et de Marie-Adélaïde, le peuple reconnaissant, 1861.

A Turin on s'amuse de bonne heure, comme nous avons pu nous en convaincre en traversant à 8 heures la grande place d'Italie, déjà envahie par les chevaux des saltimbanques et une foule ivre de joie au milieu de tous ces plaisirs, dont une bruyante musique multipliait les émotions fébriles.

Près du palais royal, celui du duc de Gênes, et celui du prince de Carignan.

Le palais royal en partie restauré en 1862, par Victor Emmanuel, est construit en brique comme la plupart des vieux monuments de Turin. Une galerie cloîtrée ferme la cour intérieure. L'escalier qui conduit aux appartements royaux est tout en marbre. Une magnifique statue équestre en marbre blanc, arrête notre attention dès les premiers pas ; une inscription nous apprend que ce chef-d'œuvre est élevé à la mémoire de Victor-Amédée de *Savoie*.

Bientôt, c'est la statue de Charles Albert, qui frappe nos regards, et dans le ciel de la voûte, des victoires ailées qui distribuent des couronnes au milieu de la gloire. Dans des panneaux magnifiques, aux plus riches peintures encadrées d'or, sont racontées quelques scènes de la grande famille de Savoie.

Nous ne pouvons visiter les appartements du palais, ils sont occupés par les princesses. Alors du palais nous descendons dans la cathédrale de Saint-Jean, en passant par la chapelle royale où nous avons eu le bonheur de dire la sainte messe, sur l'autel où repose dans une magnifique châsse un des suaires ou linceuil qui enveloppaient le corps de Notre Seigneur, dans le sépulcre.

Aux quatre angles de l'autel brûlent toujours quatre lampes d'argent. La colonne et la coupole de cette chapelle sont en marbre noir, revêtu des plus riches décorations dorées.

Autour de la chapelle, nous avions remarqué cinq groupes du plus haut mérite, élevés à la mémoire de plusieurs princes de la maison de Savoie, entr'autre le mausolée où reposent les cendres d'Amédée VIII, et un beau marbre blanc de grandeur naturelle représentant, assise dans un fauteuil, Marie Adelaïde, épouse de Victor-Emmanuel.

Au frontispice de la cathédrale, nous avons aperçu avec joie les armes épiscopales de Mgr Riccardi, récemment installé, nous a-t-on raconté, au milieu des ovations les plus populaires.

La métropole a trois nefs en style grec, elle est peinte en partie comme le sont presque toutes les Églises d'Italie. Son maître-autel est en bronze argenté, dont quatre colonnes de marbre noir rehausse et multiplie les reflets métalliques.

Sur la place royale le palais de Madame, un des plus anciens châteaux de Turin, où naguère les chambres tenaient leurs assemblées, plus loin, le palais de l'académie des sciences, le musée, le théâtre, que nous n'avons pu qu'entrevoir, la place Victor-Emmanuel avec ses immenses galeries, le Pô qui baigne ses murs, Notre-Dame aux colonnes et à la coupole grecques sans caractère chrétien, font de Turin une grande ville bien digne de porter comme elle l'a fait la couronne et le sceptre de la primauté.

En quittant Turin nous ne pouvons que payer un tribut d'admiration au somptueux et important monument de la gare qui surpasse en sculpture et en décoration, tout ce que nous avons vu de plus beau en ce genre.

De Turin à Milan, nous traversons les plaines les plus fertiles. La vapeur nous éloigne des montagnes. Partout de vastes champs de blé qu'on livre à la faucille, d'immenses et vertes prairies, de fraîches rizières qui croissent au milieu des eaux.

Nous passons assez près de Verceil pour distinguer la cathédrale de Saint-André, avec quatre magnifiques tours romaines. Des galeries aux colonnes doriques courent le long des combles, et près de douze clochetons s'élançant en aiguille décorent le monument.

Tout près, le dôme de la Madone, sur le fronton duquel repose la Vierge au milieu d'une couronne de saints.

En sortant de ces plaines, le nom de Marius s'est offert à notre souvenir, et aussitôt remontant les siècles, les Cimbres nous ont apparu dans ces vastes plaines, demandant à Marius des terres pour eux et pour leurs frères les Teutons anéantis à la bataille d'Aix en Provence. Oubliant le bruit sourd de la vapeur, nous n'entendons plus que le choc terrible des deux armées, Marius est vainqueur, et les Cimbres détruits cent ans avant l'ère chrétienne.

Nous pensions encore à Verceil, que nous étions à Novare, souvenir militaire qui rappelle la défaite des Piémontais par les Autrichiens. Signalons aussi son magnifique clocher formé par six étages de colonnes, que couronne un dôme conique aux arêtes saillantes.

Avant d'arrêter à Milan nous traversons le champ de bataille de Magenta ! On s'arrête, la végétation est magnifique, et le sang de la France a fertilisé la campagne. Notre cœur s'émeut au souvenir de nos frères ensevelis sous nos yeux. Quelques croix blanches nous signalent les principales tombes, et une croix noire à dix mètres du wagon domine le tumulus qui couvre tant de héros que les familles pleurent encore, et dont la patrie célèbrera longtemps les glorieux exploits.

Nous pouvons lire sur la colonne commémorative de la bataille les inscriptions suivantes : A l'armée française, l'Italie reconnaissante, Napoléon III et Victor-Emmanuel alliés.

Une maison toute criblée de balles et percée par les boulets, est là pour témoigner qu'un jour le génie de la guerre a jeté dans ces belles plaines, la désolation, la ruine et la mort.

La vapeur siffle et part, mais une portion de notre cœur reste près de nos frères dans une fervente prière qui pour eux monte au ciel.

Une forêt de flèches aiguës qui nous apparaît dans le lointain annonce l'approche de Milan, la ville aux grands souvenirs, saint Ambroise, saint Augustin, saint Charles Borromée.

Nous arrivons le dimanche soir à l'heure où la société Milanaise se livrait au plaisir de la promenade. Une tenue pleine de noblesse et de dignité distinguait la foule immense que nous avons traversée.

Le lendemain, nos excursions ont naturellement commencé par la cathédrale dédiée à la sainte Vierge. Notre première surprise a été de pouvoir dire la sainte messe dans la crypte de saint Charles, sur l'autel même où repose le corps entier du saint archevêque de Milan, dans une magnifique châsse d'argent, enrichie de pierres précieuses avec des glaces en cristal de roche. Dans la châsse on distingue une magnifique croix d'émeraude donnée par Marie-Thérèse.

Cette chapelle est encore embellie par des lames de cuivre doré et des bas reliefs en argent, retraçant des épisodes de la vie du saint.

Quant à parler en détail de toutes les magnificences que nous avons rencontrées en visitant le dessus des voûtes et l'intérieur de cette immense basilique, nous devons y renoncer, n'ayant le temps ni l'envie de faire un livre comme le sujet l'exigerait.

Du haut des galeries extérieures où nous nous trouvons, qu'il nous suffise de dire que cette merveille de l'univers nous apparaît comme un monde, une vraie forêt de statues et de flèches, un vrai jardin étalant sous nos yeux ses milliers de fleurs et de fruits en marbre blanc le plus pur. Il faut parler de sept mille vingt-deux statues dedans ou dessus la cathédrale, cent trente-six flèches surmontées de statues, avec autant de paratonnerre. Trois cent soixante-six gargouilles y reçoivent la pluie. Pas une fleur, pas un fruit, ni une flèche qui se ressemble, chaque artiste ayant laissé sur le marbre l'empreinte de son génie.

En promenant sur la nef principale et sur l'autel pontifical, notre patriote exagéré nous explique les immenses travaux exécutés et ceux à faire, en nous disant naïvement qu'il a pris part aux travaux de toutes les époques : *Nous avons fait, nous fîmes, nous ferons cette flèche, nous terminerons cette dentelle.* Et avec un geste plein d'enthousiasme et d'hyperbole, il nous fait contempler le magnifique panorama de Milan et des contrées qui l'environnent.

A l'intérieur, la cathédrale offre une immense croix latine en style ogival. Tous les autels, surmontés d'un baldaquin richement décoré, sont en marbre de diverses couleurs, dessinés par le célèbre Pelegrini et d'autres peintres, d'après les ordres de saint Charles.

Nous ne donnons point d'explications détaillées, ayant trop à dire sur chaque chapelle et sur les marbres que nous rencontrons. Signalons dans le bras droit de la croix le plus riche et le plus beau monument que renferme le temple, érigé par Pie IV en l'honneur de ses frères Jean-Jacques et Gabriel Medicis. Quatre colonnes sont en marbre noir veiné de blanc. Les deux autres sont en marbre rouge. Les statues, les bas-reliefs et les candélabres sont en bronze. Le tout a été fait par Léon Léoni.

N'oublions pas la statue de saint Barthélemy écorché, admiré de tout le monde par les connaissances anatomiques qu'il accuse dans l'artiste qui a si heureusement mis en relief des chairs, des veines et des muscles dépouillés de leur peau.

Dans le trésor de la sacristie, nous avons vu la mitre et la crosse de saint Charles Borromée, et le calice garni de corail dont il se servait tous les jours.

Rien de plus grandiose et de plus magnifique que les trois grandes croisées de dix mètres de large, qui sont derrière le chœur, avec leurs riches vitraux reproduisant des sujets tirés de l'ancien et du nouveau testament.

Une des chapelles qui nous a le plus touché, et dont nous garderons un long et précieux souvenir, est dans la nef de gauche. C'est la chapelle où nous avons vu précieusement enchâssé un crucifix en bois, celui-là même que saint Charles portait processionnellement nu pieds en 1576, au temps de la peste de Milan.

Dans le chœur, on voit deux chaires adossées aux piliers qui soutiennent le dôme de l'Église. Elles sont entièrement recouvertes de lames de cuivre doré ornées de bas-relief d'un travail exquis.

C'est là que nous avons assisté à la prise de possession du diocèse par Monsignior Pertusati, archiprêtre, au nom de Mgr Calabiana, archevêque nommé de Milan. Privé d'archevêque, depuis plusieurs années, le peuple Milanais s'était porté en foule à cette cérémonie, où un chœur de voix avec accompagnement d'orgue nous a donné un spécimen de la belle musique italienne.

Nous sortons ravis et enchantés, et le silence seul serait capable de rendre l'étonnement dont nous sommes saisis.

Dans nos courses à travers Milan, nous avons remarqué la Bourse, sur la façade on a placé une belle statue en représentant bénissant. Nous passons devant saint Thomas, orné de magnifiques colonnes, nous traversons la place de la citadelle pour visiter les arènes reconstruites sur l'ancien emplacement par Napoléon Ier. C'est aujourd'hui l'hippodrome.

De là, nous avons fait le tour de l'arc-de-triomphe surmonté d'un char traîné par six chevaux. Aux quatre coins du sommet, quatre cavaliers tiennent des couronnes qu'ils offrent au vainqueur dans son char. C'est par cette porte qu'entrèrent les troupes alliées après la campagne d'Italie.

Nous arrivons à l'Église de sainte Marie des grâces, Église très-ancienne en brique avec trois nefs gothiques. Dans les chapelles latérales nous avons rencontré des sculptures et des peintures murales assez remarquables. N'oublions pas la magnifique coupole sur le transept, la table de communion, et surtout l'autel en mosaïque de marbre rouge, blanc et noir. Les stalles qui se trouvent derrière l'autel sont vraiment dignes d'attirer l'attention, elles sont à ce sujet formées par des incrustations en bois. La sacristie offre au visiteur de nombreux tableaux représentant les illustrations de l'ordre de saint Dominique. A côté l'on rencontre la chapelle de la Vierge miraculeuse, pleine de riches sculptures et de nombreux ex-voto.

Venez avec nous à l'Église saint Ambroise. Nous voici sur le seuil de la porte que voulait franchir Théodose couvert du sang des habitants de Thessalonique. Le grand archevêque saint Ambroise, revêtu de ses habits pontificaux, se présente et arrête du geste et de la voix l'empereur sanguinaire. La porte, témoin de cette scène imposante, sert encore, protégée par d'énormes grilles de fer.

Nous montons dans la chaire d'où saint Ambroise adressait à son peuple les magnifiques homélies qui nous charment encore, comme elles charmaient saint Augustin aux jours où, auditeur assidu du grand archevêque, il commença par l'aimer, comme il le dit lui-même dans ses confessions.

Au chevet de cette église se trouvent de magnifiques mosaïques du neuvième siècle, et le siége en marbre de saint Ambroise, où nous sommes assis.

Nous passons devant les seize colonnes qui précèdent l'église de Saint-Laurent, qui se compose d'une immense coupole octogone, soutenue par huit énormes colonnes, avec des chapelles rayonnant tout autour.

Nous terminons notre course par la visite de Saint-Alexandre, église à coupole avec un autel en mosaïque, le plus beau que nous ayons vu, à cause des marbres précieux qui le décorent. Le parquet du sanctuaire est surtout frappant de naturel ; nous pensions tous avoir à passer sur un riche tapis, lorsque à notre étonnement nous avons trouvé une des mosaïques les mieux réussies que nous ayons rencontrées.

En continuant notre route à travers l'Italie, nous emportons le meilleur souvenir de la grande ville de Milan.

Une de nos haltes les plus intéressantes a été dans la ville de Parme. Mais sur notre chemin nous avons rencontré Plaisance, où nous n'avons pu nous arrêter que quelques instants. Grâce à la complaisance d'un jeune médecin de la localité, arrivé tout récemment de la faculté de Paris, nous avons pu visiter la cathédrale, et parcourir la ville dans ses points les plus importants.

En face de la cathédrale, au milieu de la place, une très-belle colonne est surmontée de la statue de la sainte Vierge. La façade de l'évêché est décorée à son sommet de grandes et magnifiques statues d'anges. Il y en a deux qui soutiennent une mitre à une des extrémités, ceux de l'autre côté soutiennent une crosse, et ceux du milieu une énorme tiare de marbre. On cite encore parmi les monuments remarquables, le palais de la préfecture.

Une de nos bonnes fortunes dans ce voyage a été de rencontrer toujours des personnes disposées à nous rendre service. A Parme, un jeune séminariste, très-intelligent et très-pieux, a été pour nous le meilleur des *Cicérone*.

L'Église cathédrale de Parme remonte au neuvième siècle, elle fut consacrée par le pape Paschal Ier. L'évêque actuel est de l'ordre des Capucins, et ancien confesseur de Pie IX.

La façade est du roman le plus pur. L'Église a trois nefs, la coupole a été peinte par le Corrège. La voûte de la nef principale a été peinte par Lactance de Brescia. La peinture des deux nefs latérales est de Jérôme Mazzola, surnommé Parmijianino, à cause de l'élégance et de la grâce de ses peintures.

Dans une des nefs nous avons vu une statue en marbre rouge qui date du deuxième siècle, c'est celle de Gratiosus de Rome, premier évêque de Parme.

Un des monuments le plus justement curieux de Parme, c'est le Baptistère situé près de la cathédrale. L'architecture est de Gérard de Parme. La forme est octogone, ayant à l'extérieur cinq galeries superposées de colonnes de marbre.

L'intérieur est orné de peintures les plus pittoresques, et cependant les plus pieuses, elles sont du douzième siècle. Entre autres sujets, on remarque le baptême de Clovis, et la flagellation.

L'immense cuve baptismale est d'une seule pièce de marbre de Mantoue. C'est là qu'on vient faire baptiser tous les enfants qui naissent à

Parme. Pie IX est venu depuis qu'il est Pape célébrer la sainte messe sur l'autel qui est en face du baptistère.

Les habitants de Parme construisent à leurs frais l'Église Steccata, pour protester contre l'hérésie de Luther. Nous avons passé devant le Palais de la duchesse de Parme, théâtre des fureurs atroces de Farini ; c'est là sur cette place qu'Anviti, ministre fidèle, fut décapité, et son corps horriblement mutilé. Tout le monde sait comment, dans le délire de son affreuse agonie, Farini, déchiré par les remords, ne cessait de répéter : Anviti ! Anviti !

Dans le palais de l'académie, nous avons visité la galerie de tableaux, où nous avons rencontré le nom des plus grands maîtres : La sépulture de la sainte Vierge de Carrache, les trois Marie de Schedone, les douze apôtres de Spagnoletto, plusieurs peintures appartenant à Michel-Ange. Au fond de la salle, Marie Louise en marbre de Carrare, œuvre de Canova. Dans un des salons, nous avons vu la descente de la croix du Corrège, le saint Jérôme de Murillo et la statue du Corrège.

Plusieurs de ces toiles appartenaient aux églises. Dans la bibliothèque, qui contient cent mille volumes, on nous a montré des fresques du Corrège qu'on a prises dans l'Église de saint Jean.

En passant à Reggio, ville fortifiée, nous avons eu souvenir de notre brave et illustre général Oudinot, duc de ce nom.

Les campagnes que nous traversons jusqu'à Bologne sont couvertes de moissons et de mûriers reliés ensemble par de gracieuses guirlandes de vigne.

Ne pouvant tout visiter dans chaque ville, nous nous bornons à voir ce qu'il y a de plus rare et de plus important. A Bologne, une des principales villes d'Italie, qui possède près de cent mille habitants, nous avons vu la grande place, l'église Saint-Jean, les palais Rannucci et Bazocchi, tout en marbre.

Nous sommes allés au tombeau de St. Dominique, dans l'Eglise de ce nom. C'est un chef-d'œuvre que possède Bologne. Les fresques de la chapelle où se trouve le tombeau appartiennent au Guide, une partie des sculptures sont de Nicolas Pisano. La châsse et le rétable sont de Lombard de France, et les deux anges sont l'œuvre de Michel-Ange.

En sortant de l'Eglise de St. Dominique, nous sommes allés visiter la Villa-Royale, autrefois habitée par le prolégat du saint Siége. C'était primitivement un couvent de St. Benoît. On nous a montré un groupe assez remarquable en terre cuite, représentant St. Michel terrassant le dragon.

Le Carrache, et d'autres grands maîtres, y comptent plusieurs peintures très-estimées des connaisseurs. En 1797, les prisonniers renfermés dans cette villa gâtèrent beaucoup de chefs-d'œuvre, et ne purent cependant détériorer les magnifiques mosaïques qui forment les pavés des grandes salles. La Madeleine du Guide a heureusement échappé au vandalisme des prisonniers.

Aujourd'hui, les appartements royaux sont décorés par les riches meubles enlevés au palais ducal de Parme et par de nombreux tableaux pris dans les églises.

Nous avons traversé une immense galerie qui a cent soixante-deux mètres de long. De l'une de ses extrémités nous avions sous les yeux un des plus beaux panoramas de Bologne, nous pouvions distinguer les environs de Padoue, et par un temps bien clair nous aurions vu la mer Adriatique.

La salle de réception nous a ébloui par le luxe qu'on y a déployé. Pie IX y tint audience en 1857, et il habita cette résidence pendant près de quatre mois. Tout à côté se trouve une galerie où l'on a réuni les marbres les plus fins et les mieux travaillés. Ces chefs-d'œuvre appartenaient à plusieurs villes d'Italie.

Dans une des galeries du palais, on nous a montré une copie du fameux cheval de Canova, dont l'original est à Naples, et bientôt après une magnifique statue représentant Venise sous la forme d'une femme esclave. Je ne parle point des jardins de cette villa; on y a prodigué tous les agréments que l'on peut désirer.

Quand on visite Bologne, il ne faut pas oublier le *Campo-Santo*, c'est-à-dire le cimetière. Il est assez difficile de donner une idée exacte de ce genre de monument inconnu en France. On ne peut dissimuler d'une manière plus délicate les horreurs de la mort. Figurez-vous un ensemble de galeries et de cloîtres, et des plaques de marbres incrustées dans les murs de ces galeries, et derrière ces marbres, chargés d'inscriptions et de noms, les restes des pauvres morts superposés les uns sur les autres, comme dans les catacombes.

Sur la colline qui domine le Campo-Santo, on voit l'église qui possède l'image de la Sainte-Vierge, peinte sur bois par St. Luc, et objet depuis des siècles de la plus grande vénération.

Il nous a fallu plus de trois-quarts d'heure pour gravir ce côteau défendu par de nombreuses batteries. Nous étions abrités par les arcades d'un magnifique aqueduc qui descend de la colline et fournit les eaux nécessaires à Bologne.

L'image de la très-sainte Vierge attribuée à St Luc est depuis le septtième siècle à Bologne. Dans cette peinture, la Sainte Vierge a le nez aquilin, les yeux grands, le menton ovale; sa physionomie est grave, portant l'expression d'une douleur patiente et résignée.

Pie IX a donné et posé lui-même la riche couronne de brillants qu'on remarque au dessus de l'image. Les *ex-voto* sans nombre qui décorent l'autel sont là pour rappeler les miracles nombreux obtenus par l'intercession de la vierge de saint Luc. On peut distinguer des perles précieuses, une croix de chevalier, celle d'un archevêque, des diamants envoyés par une princesse. Les deux escaliers qui conduisent à l'autel sont d'un marbre rare et qui brille comme du verre.

De Bologne à Ancône, nous traversons les plus riches campagnes, couvertes de moissons, de chanvres vigoureux et de gracieuses villas.

Parmi les stations, citons Mirandola, qui nous rappelle le savant Pic de la Mirandole; Imola, siége épiscopal occupé par Pie IX avant son élévation à la chaire de saint Pierre. Forli et ses clochers, siége d'une ancienne conspiration. Après la station de Forlimpopoli, on rencontre un délicieux paysage; c'est une petite ville couvrant un mamelon que couronne un magnifique château-fort.

De longtemps nous n'oublierons Césène, avec ses fortifications, dont nous aurions eu presque besoin pour repousser une invasion de femmes échevelées escaladant les barrières, forçant les portières des wagons pour nous offrir de superbes cerises et du vin blanc dans de gracieuses bouteilles enlacées dans des joncs.

Aux approches de Rimini, l'air devient plus frais; nous sommes sur les bords de la mer Adriatique. A Pessaro, on nous montre une statue de Rossini et un arc-de-triomphe surmonté de trois petites pyramides.

Non loin d'Ancône, nous traversons la ville de Sinigaglia, lieu de naissance de l'immortel Pie IX. Cette ville est défendue par la mer et de nombreux remparts.

A notre gauche, nous avions la mer Adriatique avec ses flots paisibles et ses quelques vaisseaux aux voiles blanches gonflées par les vents. Devant nous, nous avions un port de mer et une importante citadelle, couronnant les côteaux arides qui dominent le port; c'est la ville d'Ancône, qui compte près de cinquante mille habitants. Nous avons visité ce port et cette citadelle, naguère témoins pendant quelques jours de l'héroïque défense du brave général Lamoricière, après le désastre de Castelfidardo.

Mais oublions un instant tous ces souvenirs, pour ne plus penser qu'aux prodiges et aux merveilles que va nous offrir le sanctuaire de Lorette, possesseur de la sainte maison de Nazareth, où l'enfant Jésus passa les premières années de sa vie avec la Sainte-Vierge et saint Joseph.

L'espace et le temps nous manquent pour raconter tout ce qui regarde la translation de la Sancta-Casa. Il y aurait à dire l'invasion des Ottomans dans la Palestine et la Syrie, et comment les campagnes furent dévastées et les villes saccagées par les infidèles. Mais tous ces malheurs n'étaient rien par rapport à la perte que ces pays allaient faire.

Au quatrième siècle, la sainte maison avait reçu les plus illustres pèlerins, tels que sainte Paule, célèbre matrone romaine ; saint Jérôme et saint Eusèbe. Plus tard, saint Jean Damascène, saint François d'Assise, vinrent faire leur pèlerinage à la Sancta-Casa, et en 1252, saint Louis, roi de France, visita Nazareth, tombé aux mains des barbares depuis huit ans. On sait comment il fut fait prisonnier dans l'expédition qu'il avait organisée pour arracher Nazareth à la domination des Sarrazins.

Vers la fin du treizième siècle, l'histoire nous apprend que Califat, roi d'Egypte, fit éprouver à la Palestine et à la Syrie, toute la rigueur de ses armes victorieuses. Vingt-cinq mille chrétiens sont égorgés, les lieux saints profanés, la basilique de Sainte-Hélène démolie. Au milieu de toutes ces ruines, que deviendra la sainte maison de Nazareth ? Cette précieuse relique ne tombera pas sous la main du sacrilège vainqueur. Des anges, en effet, par ordre de Dieu, soulevèrent et transportèrent ce saint asile de paix sur les plages de la Dalmatie, laissant à Nazareth, pour unique souvenir, les traces où avaient été jetés les fondements de la sainte maison.

Beaucoup peut-être riront, comme d'autres ont déjà ri, du simple récit de cette étrange translation. Cet événement miraculeux a cependant pour lui tous les témoignages et toutes les preuves que l'on peut désirer pour démontrer la vérité ; mais comme je n'écris point un article de controverse, je renvoie les lecteurs difficiles aux différents ouvrages que des auteurs sérieux ont composés sur un si important sujet.

Qu'il me suffise de dire que le curé de la contrée où s'arrêta la sainte maison, ayant connu, par révélation, que la maison miraculeuse était bien celle de la sainte Vierge, quatre députés furent envoyés à Nazareth, pour prendre tous les renseignements désirables, afin d'éclaircir cette importante question. Ces voyageurs revinrent avec tous les documents les plus propres à confirmer la vérité de la translation.

Mais, hélas ! le bonheur des habitants de la Dalmatie fut de courte durée. Après trois ans de halte dans ces contrées, les murs de la sainte maison, de nouveau transportés par les anges, vinrent se reposer au milieu d'un bois de laurier du Picenum, d'où vient le nom de Lorette, non loin d'Ancône.

Les habitants de la Dalmatie restèrent inconsolables de la perte qu'ils venaient de faire. Et pour perpétuer le souvenir de la faveur dont ils avaient été l'objet, ils firent construire une Église en tout point semblable à la sainte maison, et sur le lieu même qu'elle avait occupé. Pour faire connaître le nouveau prodige qui était arrivé, on plaça l'inscription suivante : « La sainte maison de la sainte Vierge arriva à Tersate le 10 mai 1291, et partit de Tersate le 10 décembre de l'année 1294. »

Je n'ai point l'intention de faire ici l'histoire du sanctuaire de Lorette, un mot seulement sur la Sancta-Casa.

Voilà déjà trois siècles, comme l'indique une inscription latine sur le fronton d'une des portes de l'Église, que Sixte V, pape, éleva au rang de ville le village de Lorette, où déjà siégeait un évêque. La sainte maison se trouve dans l'Église, revêtue de plaques de marbre à l'extérieur, pour la protéger contre ceux qui se permettraient d'enlever quelque pierre, ce qui est expressément défendu. On voit à l'intérieur les murs dans leur naturel, rendus polis comme du marbre par les baisers multipliés des nombreux pèlerins.

La sainte maison est en pierre, composée d'une seule chambre ordinaire en grandeur. On y entre par deux portes. L'autel d'aujourd'hui, sur lequel nous avons dit la sainte messe, renferme l'ancien qui vint avec la sainte maison. On croit communément qu'il fut consacré par saint Pierre et qu'il y célébra la sainte messe. A gauche de l'autel, on garde dans une armoire moderne celle de Nazareth, avec deux écuelles en terre cuite qui ont servi à la sainte famille. Dans cette armoire on montre aussi une copie authentique de la lettre que Mgr Suarez, évêque de Coïmbre, écrivit au sanctuaire de Lorette, lorsqu'il fut obligé de renvoyer une pierre de la sainte maison qu'il avait obtenue par un bref de Paul III, pape. Plein de foi au sanctuaire de Lorette, le saint évêque, très-malade, attendait sa guérison d'une relique de la sainte maison, mais depuis l'arrivée de la pierre sa maladie ne fit que s'accroître. Craignant d'avoir été indiscret, l'évêque de Coïmbre fit remettre la pierre, et recouvra bientôt la santé, contre l'espérance de ses médecins. Le boulet suspendu au mur au dessus de cette pierre rappelle la protection de la sainte Vierge, qui sauva le pape Jules II au siége de la Mirandola 1505, lorsque ce boulet, lancé par les assiégés, renversa le pavillon du pape, et tomba au milieu du cercle de ses officiers.

Derrière l'autel, on nous a montré la sainte cheminée, et une écuelle garnie d'une fourrure d'or. Au dessus de la cheminée on voit, dans une niche, la sacrée statue de la sainte Vierge en bois de citronnier du Liban. On attribue la sculpture à saint Luc. Sa robe, ainsi que celle de l'enfant Jésus, sont brillantées de diamants d'émeraudes et de perles, ex-voto précieux des cœurs reconnaissants. En 1797 cette statue fut emportée du sanctuaire et envoyée en France, mais elle fut rendue à Pie VII, le 11 février 1801. C'est par centaines qu'il faut compter les diamants, les rubis et les perles qui décorent la niche et l'autel de Notre-Dame de Lorette.

Cinquante-deux lampes, dont plusieurs d'argent, brûlent constamment dans ce sanctuaire.

Nous avions fait coïncider notre séjour à Lorette avec la Fête-Dieu. La piété des habitants de ces contrées est vraiment admirable, une foule immense suivait la procession, qui aurait pu se développer dans un ordre plus parfait. Les croisées étaient richement décorées, mais en revanche les deux reposoirs n'avaient d'autre ornement que quatre chandeliers fort ordinaires.

Je renonce à décrire les costumes bizarres, bariolés, bigarés et presque sauvages, que portaient les habitants de la campagne venus en grand nombre pour la Fête-Dieu. En entrant dans la cathédrale, nous avons pu nous croire un moment au milieu des habitants des côtes de l'Australie ou du pays des Hottentots, tant les costumes avaient peu de rapport avec ceux que nous connaissons. Jusque dans l'Eglise, nous avons rencontré des hommes n'ayant que leur pantalon et leur chemise, beaucoup leur chemise sur leur pantalon, et, pour varier, quelques-uns ayant un gilet sur leur chemise tombante. Quant aux femmes, il faut parler des caricatures les plus grotesques pour avoir une idée de leur costume excentrique, quoique souvent très riche!

En descendant la sainte montagne de Lorette, nous avons devant nous le champ de bataille de Castelfidardo. Notre cœur nous y appelle, nous y courons: Que de mères auraient voulu comme nous saluer la terre arrosée par le sang de leurs enfants! Ils sont là sous ce carré de terre qu'une humble croix de bois couvre de son ombre salutaire. Jeunes héros, zouaves intrépides de Pie IX, vous êtes tombés avec votre illustre chef, le brave Pimodan, sous les regards de N. D. de Lorette. Votre mère du ciel, et votre père de la terre vous ont déjà tressé dans leur cœur la couronne des martyrs. A vous un pieux souvenir, à vous une prière.

Nous revoyons le bord de la mer Adriatique, nous saluons encore le port et la citadelle d'Ancône sur son rocher poudreux et aride et nous prenons la ligne de fer qui doit nous conduire directement à Rome.

Arrivés à Foligno, nous voulions nous arrêter un instant pour visiter l'église de Ste-Angèle de Foligno, et de là nous rendre à Assise pour vénérer le tombeau du plus grand saint du moyen-âge, de saint François d'Assise, mais un irrésistible désir de voir Rome s'est emparé de nous, et alors nous avons renoncé à cette station marquée dans notre itinéraire.

La vapeur nous emporte à travers les Apennins. Nous sommes loin de la fertilité des Alpes. Assez souvent nous remarquons sur la cime de ces montagnes incultes quelque tour isolée et des ruines de forteresse. Nous traversons le duché de Spolète et saluons la ville de ce nom avec ses nombreux clochers.

Nous pouvons avoir une idée de l'ancienne Ninive par l'aspect que nous offre la ville de Terni, dont les maisons s'élèvent en terrasse jusqu'au sommet d'un mamelon que domine une énorme tour.

Nous faisons à Orte une longue station qui permet de réclamer le passeport des voyageurs.

Nous traversons plusieurs fois le Tibre aux eaux troubles et bourbeuses. Nous sommes entrés à Orte sur le territoire des Etats-Pontificaux, mais que nous sommes loin des récoltes et des richesses des fertiles Romagnes!

Malgré la fatigue d'un long voyage qui nous a apportés des rives de la Dordogne aux bords de l'Adriatique, nous évoquons les grands souvenirs que réveillent les contrées que nous traversons. Les noms des illustres consuls de Rome se pressent sur nos lèvres, nous assistons aux luttes intestines de l'Italie dans les siècles du moyen âge, et nous saluons ces campagnes comme le champ de bataille commun des grandes armées modernes.

Et au milieu de tous ces grands noms plane le nom majestueux de Rome, Rome chargée de siècles et de gloire, la ville des Césars, la ville des martyrs, Rome payenne, la ville de St Pierre, la ville de Pie IX.

Et comme pour éloigner toute pensée, tout souvenir qui pourrait faire oublier la ville aux sept collines, la campagne romaine s'offre à nous aride et desséchée, et notre regard cherche avec empressement dans la brume lointaine le dôme immense de St Pierre.

Le voici!! à sa vue chacun se recueille. Tout cœur catholique est ému, nous arrivons à la ville éternelle. Rome est devant nous; Rome le centre de l'Unité catholique, Rome dont l'empire par la croix n'a d'autres frontières que celles de l'Univers.

Rome. — Ayant à dire quelques mots sur nos courses à travers Rome, je dois prévenir le lecteur bienveillant qui a bien voulu nous suivre jusqu'ici, qu'il n'entre pas dans nos plans de signaler toutes les merveilles que nous avons rencontrées, ni moins encore d'indiquer toutes celles qu'offre au voyageur la ville Eternelle. Fidèle au titre donné à ces quelques pages, je vais dire en traits rapides ce qui a le plus frappé notre attention dans la *Visite* que nous venons de faire à la grande ville de Rome.

A peine arrivés, Saint-Pierre a eu les prémices de nos excursions. Du palais Borghèse où nous sommes descendus nous nous dirigeons vers le quartier du Vatican en traversant le pont du château Saint-Ange. En face de nous, sur la rive droite du Tibre, défendant l'entrée du pont, est la formidable citadelle Saint-Ange ou Mausolée d'Adrien. Rien d'imposant comme cette immense rotonde avec ses remparts, ses meurtrières et ses terrasses chargées de batteries. La statue en marbre de saint Michel-Archange domine toutes ces constructions gigantesques, en mémoire de l'apparition miraculeuse de l'Archange à Grégoire 1er pendant que ce saint Pontife passait sur le pont se rendant en procession à la basilique du Vatican pour implorer Dieu contre la peste qui ravageait la ville de Rome.

Nous voici sur la place de Saint Pierre. Disons la vérité; le premier coup d'œil d'ensemble ne jette pas dans le sentiment de profond étonnement auquel on est trop préparé. Mais bientôt en passant au détail, chaque chose prend les proportions respectives qu'une perspective trompeuse lui enlevait, et alors on est frappé d'une admiration difficile à contenir.

Songez que la longueur de cette place est de onze cents pieds environ. A peu près à moitié, commence la fameuse colonnade du Bernin de forme éliptique. Elle se compose de deux cent quatre vingt quatre colonnes, et elle est couronnée par une balustrade sur laquelle on a placé les statues colossales de saints. Au centre de cette place qui a cinq cent quatre vingt-huit pieds de largeur, est l'obélisque du Vatican, que l'empereur Caligula fit venir d'Egypte. Deux grandes fontaines sont situées à droite et à gauche de l'obélisque. Les gerbes d'eau qu'elles lancent retombent en poussière dans un bassin rond d'une seule pièce de granit oriental de la circonférence de cinquante pieds. Tout le monde sait que Christine de Suède, arrivant pour la première fois sur cette place, s'imagina que les eaux jouaient en son honneur, et en remercia les officiers du Pape. Mais grande fut sa surprise quand on lui apprit que les eaux jaillissaient ainsi continuellement.

Les deux angles extérieurs du perron qui conduit à la Basilique sont décorés des deux statues colossales de saint Pierrre et de saint Paul.

Ce temple magnifique s'élève sur l'emplacement des jardins et du cirque de Néron, où ce tyran fit le grand massacre des chrétiens dont il est question au quinzième livre des *Annales* de Tacite.

La façade de Saint-Pierre appartient à l'architecte Maderne. Si elle a un défaut, c'est celui de pouvoir convenir tout aussi bien à un monument profane. Cinq portes énormes introduisent dans le vestibule, et correspondent aux cinq portes de l'intérieur de l'Église. Le vestibule a quarante-sept pieds de largeur, et quatre cent quarante-huit de longueur. La voûte est ornée de stucs dorés. Sur la porte du milieu est la célèbre nacelle de saint Pierre, mosaïque de Giotto, qui la fit en 1298. Au fond du vestibule à droite, on voit la statue équestre de Constantin. C'est l'œuvre du Bernin. A l'autre extrémité on reconnaît Charlemagne, couronné de lauriers, comme les empereurs romains.

La basilique du Vatican, telle qu'elle est aujourd'hui, fut bâtie sur les tombeaux des deux grands apôtres saint Pierre et saint Paul. La première pierre en fut posée en 1506. Il a fallu plusieurs siècles et plusieurs centaines de millions pour accumuler avec profusion dans cette basilique les statues, les tableaux en mosaïque, les tombeaux, les fresques et les marbres les plus précieux.

Cette basilique est à croix latine et a trois nefs. Je laisse aux différents guides de Rome le soin de vous dire les détails des sculptures, des peintures, des statues et des dimensions incroyables, mais parfaitement proportionnées, qu'on a données à chaque objet dans ce monde de merveilles.

Au point central de la croix, s'élève la grande coupole de Saint-Pierre qui n'a pas moins de cent trente pieds de diamètre. Elle fait, avec raison, l'admiration et l'étonnement de tous ceux qui la voient. Autour de la base on lit ces paroles, écrites en immenses lettres d'or : *Tu es Petrus, et super hanc petram ædificabo Ecclesiam meam, et portæ inferi non prævalebunt adversus eam.*

Sous cette coupole toute revêtue de riche mosaïque à fond d'or, se trouve la *Confession* de saint Pierre, c'est-à-dire le tombeau où l'on conserve la moitié du corps de ce saint apôtre, et de celui de saint Paul. En avant du maître-autel est un caveau découvert entouré d'une balustrade en marbre. Autour de cette balustrade brûlent toujours cent douze lampes portées par des cornes d'abondance en bronze doré. On descend dans le caveau par deux rampes en marbre, et on a devant soi la grille qui donne sur le tombeau où sont renfermés les corps des saints apôtres.

Au dessus de la *Confession* de saint Pierre dont je viens de parler et sous la coupole par conséquent, s'élève sur sept degrés le grand autel papal tourné vers l'Orient. Il est surmonté du gigantesque baldaquin de bronze, tout chargé de figures et d'ornements dorés. La hauteur totale de ce baldaquin paraît être d'une quarantaine de pieds, et se trouve en réalité de quatre-vingt-six pieds. La seule dorure et la main-d'œuvre de ce superbe monument montèrent à la somme de cinq cent trente-cinq mille francs.

Le Pape seul officie à l'autel du baldaquin trois fois l'année, à Noël, à Pâques, et le jour de saint Pierre le 29 juin. La basilique renferme quarante cinq autres autels, la plupart sont ornés de sculptures choisies et de tableaux en mosaïque reproduisant fidèlement les chefs-d'œuvre des grands maîtres.

Au fond du chœur se trouve une œuvre colossale appelée la chaire de saint Pierre. C'est un trône en bronze soutenu par quatre figures gigantesques aussi en bronze représentant quatre docteurs, deux de l'Église latine et deux de l'Église grecque. Dans le siège du trône se trouve le siège même dont se servit saint Pierre. Nous avons pu voir et vénérer cette antique relique à l'occasion des grandes solennités qui ont eu lieu à Rome.

Comme il serait trop long d'entreprendre la description des autres parties du temple sacré, je me borne à dire que cette basilique renferme dix autres coupoles secondaires dont quatre sont rondes et six ovales, que toutes les peintures des coupoles et presque tous les tableaux des autels sont en mosaïque copiés sur les plus célèbres maîtres; que tous les devants des autels sont en mosaïque, et que chacun des grands tableaux des autels coûte cent cinquante mille francs, et qu'enfin il y a vingt-un tombeaux dont plusieurs ont coûté jusqu'à cent cinquante mille francs.

Parmi les chapelles les plus remarquables de la Basilique, il faut citer, à droite, celle du Saint-Sacrement et à gauche celle des chanoines. Les fonts baptismaux sont formés d'un vasque de porphyre d'un seul morceau où étaient renfermées les cendres de l'empereur Adrien dans son mausolée célèbre, devenu le château Saint-Ange.

N'oublions pas dans la nef principale, non loin de la *Confession*, la statue en Bronze de saint Pierre bénissant. Depuis quatorze siècles les fidèles de Rome et les pèlerins de l'univers viennent appuyer leurs lèvres et leur front sur le pied de l'apôtre. Toutes les fois que je suis entré à Saint-Pierre c'était pour moi un grand sujet d'édification d'aller passer quelques instants près de cette statue, et de voir les fidèles de tout rang, hommes et femmes, les grands et les petits, les civils et les militaires, venir, respectueux et recueillis, faire leur acte de soumission affectueuse au vicaire de Jésus-Christ pendant l'octave de S. Pierre. Cette statue est drapée dans un riche manteau, sa tête est ornée d'une tiare.

Vérifiant la parole de Jésus-Christ qui disait: *Venez à moi, vous tous qui souffrez*, la Basilique de Saint-Pierre peut offrir miséricorde et pardon à toutes les consciences troublées, et voici que l'espagnol, l'anglais, l'allemand, le grec, l'illyrien, le polonais, le français, etc., trouvera dans un de ces confessionnaux un prêtre qui saura le comprendre et qui pourra le bénir.

Il faudrait des volumes entiers pour parler dignement et d'une manière complète des richesses et des magnificences répandues à profusion dans ce temple unique de l'univers.

Et comme nous disait un aimable chanoine du chapitre, en nous faisant visiter la sacristie qui, à elle seule, est un superbe édifice, il ne faut pas, mes bons amis, voir Saint-Pierre, il faut l'étudier.

La coupole. — Avant de quitter Saint-Pierre, visitons la partie haute de l'église, c'est-à-dire la plate-forme et la fameuse coupole de Michel-Ange.

On arrive à la plate-forme par une rampe de cent quarante-deux degrés, large de quatre mètres. Sur cette plate-forme habite tout un monde d'ouvriers chargés des travaux de Saint-Pierre. C'est comme une corporation qui a ses lois et sa police, on appelle ces ouvriers les *San-Pietrini*.

Nous sommes près de l'ouvrage le plus hardi et le plus surprenant de l'architecture moderne ; la grande coupole de Michel-Ange attend notre visite. Un des mérites de cette coupole, c'est d'être double. Nous parcourons les corridors pratiqués dans le soubassement de la coupole, et nous arrivons au premier entablement qui forme la couronne de ce chef-d'œuvre. Nous plongeons un instant le regard dans l'intérieur de l'église où les fidèles ressemblent à de petits enfants qui se promènent. On est plus que surpris, on est effrayé du vide qu'on a devant soi. Ce premier entablement a sept pieds de largeur et trois cent quatre-vingts pieds de circonférence. Arrivés au second entablement, nous distinguons à peine les fidèles qui circulent dans l'église. Montons encore, nous voici dans la galerie extérieure qui fait le tour de la lanterne. De là nous embrassons dans un seul regard la ville éternelle, le Tibre et la campagne romaine, les Apennins et la mer Thyrénienne. Quel panorama peut-être plus riche et plus majestueux ?

Enfin à l'ascension de la grande flèche de la cathédrale de Milan, nous voulons ajouter celle de la boule dorée d'où s'élance la croix qui domine tout l'édifice. Quelques instants après, notre curiosité est satisfaite à l'aide d'une échelle perpendiculaire par laquelle on arrive à la boule en bronze qui peut contenir jusqu'à seize personnes, ce qui paraît incroyable à ceux qui n'ont pas vu l'intérieur de cette boule immense, représentant le monde dominé par la croix.

La première des Églises de Rome après Saint-Pierre, qui est la cathédrale de l'univers, est la basilique de Saint-Jean-de-Latran. A Saint-Pierre, dit un auteur, le pape est souverain pontife ; à Saint-Jean-de-Latran, il est évêque de Rome. Quand un pape est élevé sur la chaire de Saint-Pierre, c'est à Saint-Jean-de-Latran qu'il se rend pour prendre possession de son siège comme évêque de la ville. L'empereur Constantin fit bâtir cette église et la dédia au Sauveur. Cette basilique est fière de ses priviléges et de son antiquité, on l'appelle l'église de la ville et du monde, la mère et la tête des églises comme l'indiquent les inscriptions que nous avons lues sur la façade : *Ecclesia Urbis et Orbis, Mater et Caput Ecclesiarum*. Cette Basilique doit encore sa célébrité aux douze conciles tant généraux que provinciaux qui ont tenu leurs assemblées dans son enceinte. C'est de là aussi que plusieurs fois partirent les invitations chaleureuses qui appelaient les croisés à la conquête des saints lieux.

Le pape donne la bénédiction solennelle *urbi et orbi* le jour de l'ascension du haut du grand balcon de la façade. La nef principale est ornée des statues colossales en marbre des douze apôtres, œuvres des sculpteurs les plus habiles. On ne sait trop quoi le plus admirer dans cette somptueuse basilique où tout porte un cachet de splendide grandeur. Il faudrait parler de la chapelle Corsini, une des plus riches et des plus magnifiques de Rome; de la chapelle Torlonia, avec ses marbres précieux et ses métaux dorés; sans oublier le magnifique autel du Saint-Sacrement avec son tabernacle orné de pierres précieuses, et les quatre immenses colonnes cannelées en bronze doré qui soutiennent l'établement du même métal, et qu'on croit être celles qu'Auguste fit couler après la bataille d'Actium.

L'autel papal, surmonté d'un riche baldaquin, est placé au dessous d'un tabernacle qui renferme, parmi ses précieuses reliques, les têtes des saints apôtres Pierre et Paul. Dans cet autel se trouve un autel en bois sur lequel saint Pierre a offert la sainte messe. Les peintures abondent dans cette immense basilique qui a six nefs, y compris celle de la croisée. Partout on rencontre des statues et des bas-reliefs; les dorures sont prodiguées dans la voûte et ailleurs; le marbre et le porphyre y sont des plus précieux, les plus belles colonnes y sont multipliées au nombre de trois cent-trente-cinq. On y rencontre d'importantes reliques telles que la tête des deux grands apôtres, et la table où Jésus-Christ fit la scène, la veille de sa mort. Dans le cloître, de l'architecture la plus gracieuse, avec ses nombreuses petites colonnes incrustées de marbre ou de dorures, on voit plusieurs restes vénérables que sainte Hélène, dit-on, aurait enlevés à la Palestine pour enrichir la Ville éternelle. Ici, c'est une table en marbre rouge antique sur laquelle les soldats auraient tiré au sort la robe sans couture de Jésus-Christ; là, deux moitiés d'une des colonnes du temple, qui se sont fendues au moment où J.-C. rendait le dernier soupir. Au milieu de la cour on voit une citerne dont la margelle est regardée comme venant du puits de la Samaritaine. Sous les galeries nous avons encore vu la chaise en marbre où s'est assis le pape saint Sylvestre au concile œcuménique de Latran. N'oubliez pas de visiter le baptistère de Constantin, bâti à l'endroit même où le premier empereur chrétien reçut le baptême des mains du Pape Sylvestre. Une urne antique, de basalte, sert de fonts baptismaux et la coupole qui est au dessus est soutenue par seize belles colonnes dont huit sont en marbre et huit en porphyre.

En quittant Saint-Jean-de-Latran, nous avons gravi pieusement agenouillés sur chaque degré, comme tout le monde le fait, l'escalier appelé vulgairement l'échelle sainte, *scala santa*, ou le saint escalier que monta le Sauveur pour recevoir la sentence de mort qu'un ambitieux et un lâche gouverneur romain osa prononcer contre le plus juste des hommes.

Saint-Clément. — En descendant vers le Colysée nous avons visité une des plus anciennes églises de Rome et une de celles qui offrent le plus de curiosités à l'archéologue et à l'artiste chrétiens; c'est l'intéressante église de Saint-Clément, qui porte le titre de basilique depuis les premiers siècles.

Saint Clément 1er, troisième pape après saint Pierre, appartenait à la famille Flavia d'origne impériale.

C'est ici qu'il avait sa maison et un oratoire transformé, après sa mort, en une église qui lui fut consacrée. C'est là qu'il donna l'hospitalité au grand apôtre saint Barnabé.

Malgré les dévastations dont cette basilique a été l'objet, on y trouve encore des choses bien remarquables. Les deux ambons en marbre avec incrustations de dorures sont vraiment d'une richesse peu commune. Nous nous sommes assis dans le siége qu'occupait saint Zozime au cinquième siècle en présidant un concile; dans l'autel de cette église sont déposés les restes vénérés du pontife saint Clément et de saint Ignace martyr, évêque d'Antioche. Dans l'atrium des catéchumènes on signale des fresques, qui ont quelque mérite, entre autres celles qui redisent en détail les principaux traits du martyre de sainte Catherine.

Mais ce qui nous a le plus intéressé a été de pouvoir visiter l'église souterraine dont les fouilles ne sont pas encore achevées. Que de choses précieuses déjà découvertes; que d'autres encore restent cachées. Dans ces souterrains obscurs, nous avons visité la chambre de Saint Clément, nous avons parcouru les nefs primitives de cette église ; sur les murs nous avons pu distinguer et lire quelque page de théologie dans les peintures conservées et quelquefois à moitié effacées. Ici les noces de Cana, Jésus-Christ aux limbes où quelques uns des principaux miracles opérés par saint Clément. Nous nous trouvions avec les premiers chrétiens, nous touchions aux origines du christianisme; par saint Clément, troisième pape, nous donnions la main à saint Pierre et au milieu de toutes ces peintures, de ces marbres et de ces inscriptions nous répétant d'une manière bien éloquente les croyances des premiers fidèles, nous sentions notre foi s'affermir, heureux et fiers d'avoir sur nos lèvres et dans nos cœurs le même symbole qu'on avait chanté dans ces solitudes aux premiers siècles de l'Eglise. Saint Clément restera au nombre des plus précieux souvenirs que nous emportons de la ville éternelle.

A quelques pas de nous, les sombres ruines de l'immense et colossal amphithéâtre de Flavien, appelé Colysée, dessinaient leurs formes gigantesques. Des souvenirs payens et chrétiens se rattachent à cette enceinte si fréquentée et si aimée par le peuple romain et par les Césars, toujours avides de spectacles tragiques.

La place occupée par ce monument aux ruines sévères était l'étang des jardins de Néron, où tant d'esclaves avaient dû périr dévorés par les murènes. Le Colisée a mille six cent quarante et un pieds de circonférence et cent cinquante sept de hauteur. La longueur de l'arène est de deux cent quatre vingt cinq pieds sur cent quatre vingt deux de largeur et sept cent quarante huit de tour. On prétend qu'il contenait quatre vingt sept mille spectateurs assis sur les trois rangs de gradins, et vingt quatre mille debout sur les galeries qui régnaient autour de l'édifice dans sa partie supérieure.

Douze mille juifs prisonniers de l'empereur Vespasien furent employés à la construction de cet amphithéâtre dont la dédicace se fit au milieu de réjouissances qui durèrent plus de cent jours, cinq mille bêtes féroces et trois mille gladiateurs périrent dans ces horribles fêtes, et ces jeux atroces devinrent désormais les jeux du Colisée.

Le sol de l'arène plus bas que le sol actuel pouvait se remplir d'eau, et l'on y donnait de magnifiques naumachie, espèce de régates, dont étaient toujours friands le Sénat et le peuple romain.

Sans oublier les loges grillées qui d'un côté renfermaient les gladiateurs et de l'autre les bêtes féroces jusqu'à l'heure du spectacle, nous nous plaisions à repasser dans notre mémoire les belles pages écrites par le chantre d'Eudore et de Cymodocée. Et remontant les siècles, nous assistions aux scènes touchantes où les premiers héros de notre foi étaient envoyés aux tigres et aux lions, pour servir de témoignage à Jésus-Christ. Nous entendions les cris frénétiques d'une foule ivre de sang, et au lieu du : *Cesar morituri te salutant*, des gladiateurs, nous prêtions encore l'oreille aux cantiques joyeux que disaient les martyrs déchirés par les bêtes, en tombant sur l'arène abreuvée de leur sang, source féconde de nouveaux chrétiens.

C'est là que pendant trois siècles la puissance de l'empire romain essaya d'étouffer la voix de l'Eglise en égorgeant ses enfants. Mais la patience et l'héroïsme des chrétiens finit par triompher des persécuteurs, des bourreaux et des bêtes. Et un jour vint où le Colisée fut fermé aux jeux sanglants des gladiateurs, des bêtes féroces et des martyrs; on ne vit plus les chrétiens empressés à recueillir le sang et les restes de leurs frères mutilés pour la foi, afin de les porter dans les sombres corridors des catacombes. La paix fut rendu à l'Eglise, elle sortit de sa demeure obscure qu'elle s'était pratiquée dans les entrailles de la terre. L'empereur Constantin vainqueur de Maxence venait de prendre les rênes de l'empire, et plein de confiance dans la vision: *In hoc signo vinces*, il voulut que la croix s'assit avec lui sur le trône des Césars. L'ère des persécutions sanglantes venait de finir.

Le temps, les barbares et plusieurs princes romains ont travaillé à précipiter la ruine du Colisée, mais n'ont pas pu complètement y parvenir. Les Papes sont intervenus, ils ont pris le Colisée sous leur haute protection. Et le soir, au coucher du soleil, si l'on s'attarde à travers les galeries qui dominent ces imposantes et silencieuses ruines, on aime à voir la croix au milieu de l'arène comme l'ange gardien de tous les précieux souvenirs que réveille la vue de l'immense Colisée.

Le peuple romain était barbare et sans cœur dans ses plaisirs, le Colysée redira longtemps encore les fêtes sanglantes qui faisaient les délices du peuple-roi.

Mais pour être juste, il faut ajouter qu'il était grand et magnifique dans les honneurs et les triomphes qu'il réservait à ses consuls victorieux, comme le prouvent hautement et le Capitole, et les arcs nombreux dressés pour recevoir les vainqueurs.

Arc de Constantin. — L'arc de triomphe qui se trouve à côté du Colysée, fut érigé par le sénat et le peuple romain à Constantin pour les victoires qu'il remporta sur Maxence et sur Licinius, comme l'indique l'inscription qu'on lit sur les deux façades de l'arc. Il est à trois arcades, orné de huit colonnes d'ordre corinthien, sept sont en jaune antique et une en marbre blanc. Plusieurs statues de rois vaincus en marbre violet, avec de magnifiques bas-reliefs, font de l'arc de Constantin un des plus beaux monuments de Rome payenne.

De cet arc, nous devions naturellement aller visiter l'arc de Titus, celui de Septime Sévère, le forum et le capitole qui se trouvaient sur notre chemin, autrefois la voie triomphale, mais il était trop tard. Nous ne faisons que passer avec promesse de revenir bientôt, au milieu de ces grandes ruines, dont chaque pierre réveille un souvenir.

La suite de notre programme nous appelle aujourd'hui à Saint-Laurent-hors-les-murs, sur le mont Viminal.

Saint-Laurent. — Nous traversons la porte Saint-Laurent construite sous Honorius en 402 et appelée primitivement porte Tiburtine, à cause de la voie qui conduisait à Tibur, aujourd'hui Tivoli. A un kilomètre de cette porte, on trouve la basilique de Saint-Laurent que l'empereur Constantin fit bâtir vers l'an 330. Le portique de cette basilique est soutenu par six colonnes d'ordre ionique; il est décoré par des peintures du temps d'Honorius III, et représente plusieurs sujets relatifs à l'histoire de ce pape de Saint-Laurent et de Saint-Étienne.

L'église a trois nefs séparées par vingt-deux colonnes de granit. Le pavé est une riche mosaïque. A droite, en entrant, on voit un sarcophage très-ancien, orné d'un bas-relief représentant des épousailles grecques, il sert de tombeau au cardinal Fieschi, neveu du pape Alexandre IV. Dans la nef principale sont deux ambons de marbre ou chaires, qui servaient à chanter les épîtres et les évangiles, l'un d'eux est remarquable par ses marbres rares, par ses mosaïques et ses ciselures.

Le maître autel est orné de quatre colonnes de porphyre rouge qui soutiennent un baldaquin de marbre; sous cet autel, on conserve le corps de saint Laurent et celui de saint Étienne.

Douze immenses colonnes de marbre violet cannelées, rayonnent autour du chœur. Dans une des chapelles voisines du chœur à gauche, on remarque des figures sculptées, dit-on, par Michel-Ange, elles représentent des âmes du purgatoire, dont la physionomie porte à la fois, les traces de la souffrance et celles de l'espérance.

Sainte-Marie-Majeure. — En sortant de Saint-Laurent-hors-les-murs, nous sommes allés visiter la riche basilique de Sainte-Marie-Majeure sur le Mont Esquilin. En deux mots, voici l'origine de cette magnifique église. Au commencement du quatrième siècle, un illustre patricien, privé d'enfants résolut, de concert avec sa femme, de donner sa fortune aux œuvres de piété. La Sainte-Vierge leur fit connaître qu'elle voulait être elle-même leur héritière : « Vous me bâtirez, dit-elle, une basilique sur la colline de Rome qui, demain, sera couverte de neige. » C'était la nuit du 4 au 5 août de l'an 352, époque où les chaleurs sont excessives en Italie; le lendemain, l'Esquilin se trouva couvert de neige. La ville entière se porta sur le lieu du miracle. Le patrice Jean puis le pays s'y rendirent avec le clergé, et la basilique fut bâtie aux frais des pieux époux. C'est la plus importante de toutes les églises de Rome qui sont dédiées à la Sainte-Vierge.

Quand on entre dans l'église par la porte principale on se trouve vis-à-vis de trois larges nefs soutenues par trente-six colonnes d'une blancheur éclatante qui proviennent du temple de Junon. Des chapiteaux d'ordre dorique avec une corniche en mosaïque enrichie de branches de vigne et d'arabesques couronnant la double colonnade. Le plafond à magnifiques compartiments est doré avec le premier or venu d'Amérique. La cour d'Espagne l'envoya à Rome pour orner la plus belle église dédiée à la Sainte Vierge en mémoire du vaisseau que montait Colomb et qui s'appelait la *Santa-Maria*.

Quatre colonnes, de granit Egyptien, soutiennent les deux grands arcs de la nef. Le maître autel est formé d'une grande urne antique de porphyre qu'on croit avoir été le tombeau du patrice Jean et de sa femme. Le baldaquin repose sur quatre colonnes de porphyre entourées de palmes d'or et surmontées de quatre anges en marbre. Sous le maître autel on conserve la crèche du Sauveur enrichie de pierres précieuses. Les marbres les plus rares et les plus riches en couleurs forment la balustrade et le pavé de la Crypte.

De chaque côté de l'autel aux extrémités du transept sont les deux chapelles de Sixte V et de la famille Borghèse, leur magnificence surpasse tout ce que l'on peut en dire. La seconde, surtout, consacrée à la Sainte-Vierge est d'un luxe inouï. On remarque à l'autel quatre colonnes de jaspe cannelées, avec les liteaux en bronze doré, leurs bases et leurs chapiteaux sont de même métal. Ces colonnes soutiennent un fronton de métal doré avec la frise d'agathe; au milieu de ce fronton est un bas-relief représentant le pape Libère qui trace sur la neige le plan de la basilique. Le tombeau de l'autel est en lapis-lazzuli, et au dessus, dans un champ de lapis est placée une image de la Sainte-Vierge que l'on dit peinte par saint Luc. Des fresques inimitables du Guide, des mosaïques, des marbres précieux complètent les merveilles de cette église.

Sainte-Croix. Aujourd'hui grande fête de saint Jean-Baptiste à la basilique de Saint-Jean-de-Latran. Le Souverain Pontife doit y venir faire chapelle. Avant la cérémonie, nous allons dans la matinée, visiter la basilique de Sainte-Croix en Jérusalem qui se trouve à cinq cents mètres de Saint-Jean. Cette Eglise fut construite quand l'impératrice Hélène, mère de Constantin, revint de son pélerinage aux saints lieux. Elle a trois nefs divisées par des pilastres et huit grosses colonnes de granit d'Egypte. Le maître autel est décoré par quatre belles colonnes de brèche coraline qui supportent le baldaquin. Cette basilique est surtout remarquable par les précieuses reliques qu'elle possède, et que l'on montre à ceux qui ont obtenu la permission de les voir. Munis de l'autorisation nécessaire, nous avons pu vénérer, dans de riches reliquaires, un fragment de la colonne de la flagellation et du saint sépulcre, un des clous de la passion, deux épines de la couronne, l'os interne du doigt de saint Thomas, le plus grand morceau de la vraie croix, et la fameuse inscription de Pilate en hébreux, en grec et en latin : *Jesus Nazareus rex judeorum.*

En sortant de Sainte-Croix, nous sommes allés sur la place de Saint-Jean de Latran nous asseoir sur le socle du plus grand obélisque de Rome pour voir le Pape et son cortége. Nous dominions la foule, et nous plongions nos regards jusqu'aux pieds du Colysée. Que de monde de toute langue, de toute nation! Quel spectacle catholique! Que de riches carrosses, quel imposant cortége! Voici venir les évêques, les sénateurs, les cardinaux et leurs équipages dorés, et le Pape enfin, bénissant la foule qui s'incline. Chacun, impatient de le voir, le cherche du regard à travers l'immense multitude; il paraît, que de cris, que de vivat, que d'émotion! un enthousiasme fébrile a gagné tout le monde. Voici le Pape, crie-t-on de toutes parts, la foule, ivre de joie, se précipite sur son passage, et plus de cent mille bouches répètent les vœux ardents du cœur, *vivat, vivat ineternum!* vive Pie IX Pontife et roi! Un courant électrique soulève toutes les âmes, et chacun à cette heure donnerait sa vie pour celle du grand Pape Pie IX. Grand Dieu! comme ils se trompent ceux qui chantent les funérailles de l'Eglise, et celles de la Papauté! L'Eglise et la Papauté sont de la race des immortels. Les empires et les dynasties qui hier gouvernaient la terre sont aujourd'hui dans la nuit du tombeau, et demain, d'autres sceptres et d'autres couronnes iront augmenter les ruines du passé, tandis que l'Eglise continuera sa marche bienfaisante et glorieuse à travers les siècles éclairés par le soleil de la terre ou par la lampe des catacombes.

Saint-Paul. Le soir même de cette importante fête qui nous a permis de voir plusieurs fois le Pape porté sur la *Sedia gestatoria* dans l'Eglise, nous sommes allés à Saint-Paul-hors-les-murs.

Cette basilique, ouvrage de plusieurs siècles, était la plus ancienne, non-seulement de Rome, mais de la chrétienté entière, lorsqu'un affreux incendie la consuma en peu d'heures en 1823.

La principale décoration de cette église consistait en 80 colonnes qui la divisaient en cinq nefs. Il y en avait 40 dans celle du milieu, et 20 de chaque côté. Vingt-quatre de ces colonnes étaient en marbre violet, et les autres en marbre de Paros; des peintures et des mosaïques embellissaient ça et là cette immense basilique dont le portique autrefois se prolongeait jusqu'à la porte de Saint-Paul.

La nouvelle basilique est pleine de splendeur et de majesté. Son portique est supporté par douze colonnes de marbre grec veiné. Le pavé de l'église est en marbre blanc entremêlé de quelques marbres très-précieux. Les parois des murailles sont incrustées de marbre de Carrare et de marbre très-rare de différentes couleurs. L'entablement est en marbre blanc avec une frise de marbre violet. Au-dessus de l'entablement et sur les murs latéraux de la grande nef, on remarque de belles fresques représentant les différents traits de la vie de saint Paul. Au-dessous des fresques on voit

74 portraits en mosaïque des papes qui, depuis saint Pierre, se succédèrent jusqu'à Jean IV.

L'ancien autel papal restauré est orné de quatre colonnes d'un beau porphyre, et repose sur la confession où l'on conserve la moitié des corps de saint Pierre et de saint Paul. Le somptueux baldaquin est soutenu par quatre colonnes très-estimées d'albâtre oriental. Derrière le maître-autel, dans l'abside, se trouve élevé sur cinq gradins le siége pontifical tout en marbre blanc avec des ornements et des bas-reliefs dorés. La voûte et la façade de l'arc de cette abside sont décorées des anciennes mosaïques faites l'an 1220 sous le pape Honorius III.

S'il manque quelque chose à Saint-Paul au milieu de ses riches colonnes et de toutes ses splendeurs, ce sont de beaux vitraux qui, en tempérant l'éclat éblouissant de ses marbres et de ses voûtes dorées, lui donneraient un caractère plus religieux. Mais comme on a besoin de lumière pour bien apprécier les peintures, les mosaïques et les fresques qu'on rencontre dans toutes les églises de Rome, on évite, je pense, d'employer les vitraux. Je ne connais pas pour le moment d'autre raison de l'absence à Rome d'un des plus beaux ornements de nos églises en France.

Il est dans Rome un mont célèbre entre les sept collines, c'est le mont Capitolin, couvert autrefois de vieux temples et de formidables constructions. Le forum est à ses pieds avec le souvenir des orages politiques, dont si souvent il fut le témoin, ainsi que des grandes causes que d'illustres orateurs plaidèrent dans son enceinte.

Entourée de remparts, cette colline avait deux sommets très-rapprochés et reliés entre eux par un petit vallon. Sur l'un de ces sommets, était la citadelle ou forteresse de Rome, sur l'autre, le fameux Capitole. Le Capitole, asile ouvert à toutes les divinités des peuples vaincus, dernier terme des triomphes réservés aux vainqueurs, était comme le panthéon de toutes les gloires et de toutes les religions. C'est du Capitole que les aigles romaines prenaient leur vol, pour aller à la conquête de l'univers, et c'est au Capitole qu'elles venaient reposer leurs ailes chargées de brillantes victoires. Que d'ambitieux ont inutilement rêvé de monter au Capitole! Et combien qui ont payé cet honneur, par la Roche-Tarpéienne, orateur éloquent, quoique muet de la vanité des grandeurs humaines.

L'Ara Cœli. — Avant de parcourir en détail les célèbres ruines que possède le mont Capitolin, ou qui sont dans son voisinage, allons sur la plateforme du Capitole, à l'emplacement du temple de Jupiter Capitolin, visiter l'église catholique d'*Ara-Cœli*, dédiée à la sainte Vierge. On monte à cette église, par cent vingt-quatre marches de marbre blanc ; elle a trois nefs soutenues par vingt-deux colonnes, presque toutes de granit égyptien, prises dans les temples et palais de l'ancienne Rome. L'aspect de ces colonnes, je dois le dire, ne flatte pas le regard, elles sont toutes d'ordres différents ; les unes sont cannelées, les autres rondes, en voici qui n'ont pas de socles et d'autres qui n'ont pas de chapiteaux.

Mais bientôt l'on découvre qu'une pensée profonde a présidé à ce désordre apparent. Ce qui le prouve, c'est une inscription placée au dessus de la porte d'entrée, et qui nous rappelle que ce temple de la sainte Vierge a été doré avec l'or pris sur les Turcs, à la fameuse bataille de Lépante. C'est ainsi que la sainte Vierge reçoit tour-à-tour, l'hommage du paganisme et de l'islamisme dans les colonnes de ses nefs, et dans l'or qui brille dans ses voûtes. Les jardins des religieuses de sainte Marthe, de Périgueux, nous offrent un petit monument qui a quelque analogie avec ce que nous venons de dire ; c'est la statue de la Vierge, qui repose, victorieuse, sur un piédestal, formé des débris payens de l'antique Vésone.

L'église d'*Ara-Cœli* possède une statue en bois de l'enfant Jésus, connue, à Rome, sous le nom de *Divino Bambouino*. On raconte qu'un saint religieux, ayant sculpté cette statue et ne connaissant pas la peinture, pria Dieu de vouloir bien donner à son enfant Jésus les couleurs qui lui conviendraient. La prière du religieux fut exaucée, et la statue fut peinte miraculeusement comme elle l'est aujourd'hui. Si l'on doit être difficile pour accepter les miracles, il ne faut pas non plus les rejeter avec trop de facilité. La dévotion au *Divino Bambouino*, a dû s'enraciner dans le cœur du peuple romain, par quelques faits ou prodiges éclatants comme on est obligé d'en convenir en présence des vœux précieux qui décorent son autel ; ce sont des croix, des cœurs, des diamants du plus grand prix, et en très-grand nombre.

Les enfants malades, sont particulièrement mis sous sa protection. Quant ils ne peuvent pas venir, ou qu'on ne peut pas les porter en pélerinage à l'*Ara-Cœli*, la famille envoie chercher à ses frais dans une voiture bien convenable, le *Divino Bambouino*, qu'un prêtre accompagne toujours. Si la famille du malade est trop pauvre pour faire la dépense d'une voiture, un des principaux personnages de Rome s'est engagé à fournir toujours un de ses beaux carrosses pour cette cérémonie. Il faut bien que la dévotion dont je parle ne soit pas une dévotion vulgaire, et ait quelque fondement solide, pour que les révolutionnaires de 48 se soient montrés pleins de respect pour le *Bambouino*, et que depuis longtemps une des trois principales rues de Rome, soit connue sous ce nom.

On trouve dans cette église le tombeau de sainte-Hélène en porphyre et deux ambons remarquables par leurs mosaïques précieuses. Sur le côté de l'autel de sainte Hélène une célèbre mosaïque de Cavallini, représentant l'apparition de la Sainte-Vierge à l'empereur Auguste. Voici ce qui a donné lieu à cette tradition. On rapporte qu'un jour Auguste consultant l'oracle d'Apollon pour savoir quel serait, après lui, le maître du monde, offrit, suivant l'usage, une hécatombe ; mais le Dieu resta muet. Le sacrifice recommença, le Dieu ne répondit pas. Pressé de nouveau, Apollon rendit enfin cet oracle :

Me puer hœbræus divos Deus ipse gubernans, cedere sede jubet, tristemque redire suborcum ; aris ergo dehinc tacitis abscedito nostris. « L'enfant hébreux, Dieu lui-même et maître des dieux, me force à quitter la place et à rentrer tristement dans l'enfer. Désormais, retire-toi donc sans réponse de mes autels muets. »

Frappé de cet oracle inattendu, Auguste vint au Capitole, où il fit ériger un autel à l'Enfant-Dieu avec cette inscription : *Ara primogenito Dei.* « Autel du premier-né de Dieu. » Cette tradition prélude merveilleusement aux hommages et aux honneurs, au culte véritable dont le *Divino-Bambouino* devait être l'objet dans l'église d'*Ara-Cœli*. Presque toutes les chapelles de cette église possèdent quelques peintures de quelque maître célèbre ; Nicolas-Pesaro y en compte plusieurs.

Sur le maître-autel élevé en 1590 on vénère une antique image de la Vierge peinte par saint Luc, la même que saint Grégoire le Grand portait à la procession contre la peste en 596. Bien que tout le monde connaisse les détails du prodige arrivé à cette occasion, il n'est pas hors de propos de les rappeler en deux mots.

Sous le pontificat de saint Grégoire le Grand, une affreuse peste désola la ville de Rome. Jamais peste n'avait été plus meurtrière. C'était par milliers que chaque jour on comptait les victimes du fléau. Malgré la prédication, les prières publiques et les vœux de tout genre, la peste ne laissait pas de continuer ses ravages. Le pape alors se tourna vers la mère de Dieu, et lui-même, dans l'immense procession qu'il avait ordonnée, porta par toute la ville, l'image de la très-sainte Vierge peinte par saint Luc, trésor inappréciable pour l'église que nous visitons.

Ce fut un prodige bien consolant de voir que partout où l'image passait la peste cessait entièrement, et avant la fin de la procession, on vit sur la terrasse d'Adrien, qui depuis fut nommée le château St-Ange, un ange en forme humaine qui remettait dans le fourreau une épée sanglante. Il n'en fallut pas davantage pour rendre à jamais célèbre l'image de la Ste-Vierge que possède l'*Ara-Cœli*.

Le Capitole. — Il est des noms privilégiés qui sont parvenus à obtenir un hommage de respect et d'attention de la part de ceux qui les prononcent et de ceux aussi qui les entendent prononcer. Le Capitole appartient à cette classe de mots à grand effet, et quoiqu'il soit aujourd'hui dépouillé de l'imposante majesté qu'il possédait autrefois, il conserve encore un prestige que tout le monde est obligé de subir. Ce n'est pas l'ancien Capitole que nous avons devant nous. Les consuls victorieux faisaient leur entrée triomphale du côté opposé à celui où nous nous trouvons.

Le génie de Michel-Ange a présidé à la décoration de la place et à la construction du palais sénatorial. On ne regarde pas ces ouvrages comme les meilleurs de l'immortel architecte. L'ensemble, en effet, de tous ces bâtiments n'offre pas un aspect grandiose tel que semble l'annoncer le nom de Capitole.

Au pied de la rampe que nous allons monter parallèle à celle d'*Ara-Cœli*, sont deux lions égyptiens, de granit noir, qui jettent de l'eau par la gueule. Au sommet de cette rampe sur deux grands piédestaux sont les statues colossales de Castor et de Pollux, en marbre pentélique, debout à côté de leurs chevaux dont ils tempèrent l'ardeur. Sur la balustrade, sont deux autres statues, l'une est de Constantin-Auguste et l'autre de Constantin-César. On voit à leurs côtés, les trophées de Marius, et enfin deux colonnes milliaires; celle qui porte le numéro 1er s'élevait dans le forum d'où partaient toutes les voies romaines. Au milieu de la place, tout le monde s'arrête pour voir la superbe statue équestre de Marc-Aurèle, en bronze, l'unique statue équestre en bronze qui soit restée de toutes celles de l'antique Rome.

On monte au palais des Sénateurs par un escalier extérieur à deux rampes, et qui est orné d'une fontaine avec trois statues tirées du temple de Sérapis; celle du milieu représente Minerve en marbre blanc, drapée de porphyre, et les deux autres sont des images symboliques du Nil et du Tibre en marbre de Paros.

Dans les Pas-Perdus de ce palais nous avons rencontré un assez grand tableau représentant Pie IX favorisant les arts, avec cette inscription au bas de la toile : *Subesse romano Pontifici est necessitate salutis.* Nous n'avons point visité la salle du tribunal où se trouvent les statues de Paul III, de Grégoire XIII, de Charles d'Anjou, roi de Naples, qui fut sénateur de Rome dans le treizième siècle. En sortant de ce palais nous sommes entrés dans celui de droite qui est le musée capitolin. N'attendez pas de voir figurer ici le nom des statues et des bustes, ni les détails explicatifs des bas-reliefs et des inscriptions que possède ce musée, il faudrait des volumes pour décrire tout cela. Qu'il me suffise de signaler dans le centre de la cour la statue colossale de l'Océan, dans une des salles, la collection rare des empereurs et des principaux membres de leur famille, la salle des Philosophes, la salle du Faune, et surtout la célèbre statue dite le *Gladiateur mourant* que beaucoup pensent être un Gaulois ayant fait partie d'un groupe allusif à la défaite des Gaulois, lors de leur expédition en Grèce. Le palais qui est de l'autre côté de la place du Capitole est encore un musée appelé le palais des conservateurs que nous n'avons point visité, préférant consacrer quelques instants à la Roche Tarpéienne, célèbre dès le temps de Romulus.

Les Sabins, indignés de la conduite du premier roi de Rome à leur égard, se mirent en campagne pour tirer vengeance de l'affront qu'ils venaient de recevoir du perfide Romulus. Arrivés sous les murs de Rome, les Sabins rencontrèrent une jeune fille du nom de Tarpéia qui, par l'espoir d'une grande récompense, leur ouvrit une porte et les conduisit jusque sur un rocher qui s'élevait au milieu de la ville. Ils lui avaient promis pour prix de sa trahison ce qu'ils portaient à leurs bras gauche. Tarpéia voulait désigner les bracelets d'or et d'argent dont les soldats sabins étaient parés. Mais ceux-ci feignirent de ne pas l'avoir comprise et, ôtant les larges boucliers qu'ils portaient aussi au bras gauche, ils les lui jetèrent sur le corps jusqu'à ce qu'ils l'eurent assommée. Le rocher où périt Tarpéia prit le nom de Roche Tarpéienne.

C'est de ce rocher que désormais on précipita tous ceux qui furent coupables de haute trahison contre la liberté de la patrie. Souvent aussi l'ambition et la jalousie s'en servirent pour se débarrasser de rivaux trop puissants. Bien des fois, après être monté en triomphe au Capitole, on ne tardait pas à descendre la pente meurtrière de la Roche Tarpéienne. Pensée profonde qui donne la mesure de la fragilité de la gloire et des honneurs qu'on obtient ici-bas. Aujourd'hui, en effet, des palmes et des fleurs, et demain des crachats et des coups; aujourd'hui, le chant du triomphe et de la gloire, et demain les cris de mort, le blasphème et l'injure; aujourd'hui le trône, et demain l'échafaud ; le Capitole et la Roche Tarpéienne; *Hosanna* et *crucifige*, en deux mots, telle est l'histoire du monde.

Prison Mamertine. — En quittant la hauteur de la Roche Tarpéienne, nous laissons à notre droite l'ancien palais des Caffarelli occupé par l'ambassade prussienne, et derrière nous le mont Palatin qui fut le berceau de Rome. Suivez-nous dans une prison noire, humide, horrible, dans la fameuse prison Mamertine ainsi nommée d'Ancus Martius, quatrième roi de Rome, qui la fit creuser dans le roc même du Capitole. Elle se compose de deux cachots placés l'un au dessus de l'autre. On y glissait le condamné par une ouverture circulaire pratiquée dans le centre de la voûte et qui est encore fermée par une forte grille en fer. C'est là que Néron, persécuteurs de chrétiens, fit jeter les saints apôtres Pierre et Paul. C'est de là qu'ils furent tirés le même jour pour être conduits au martyre, saint Pierre sur le mont Janicule, et saint Paul hors les murs en sa qualité de citoyen romain. C'est à cette colonne de granit qu'on les avait attachés. Voici la fontaine miraculeuse que saint Pierre fit jaillir pour baptiser Procès et Martinien ses geôliers, ainsi que vingt-sept soldats martyrs à leur tour. Que de pélerins, pendant la fête du Centenaire, sont venus, comme nous, boire et prendre de cette eau qui ne tarit ni n'augmente jamais ! Comme tout le monde était pénétré d'horreur au souvenir de l'ancienne Rome si habile dans l'art des cruautés ! Mais facilement on oubliait la mort affreuse que plusieurs personnages célèbres de l'antiquité subirent dans cette prison, pour suivre les pieuses réflexions qu'inspiraient naturellement ce séjour ténébreux sanctifié par la présence de nos saints apôtres.

Le Forum. — C'est là que les Sabins, profitant de la trahison de Tarpéia, livrent aux Romains une bataille sanglante, et finissent par obtenir une partie de Rome pour habitation. C'est là que se prépara la révolte des plébéiens contre les patriciens et leur retraite sur le mont sacré, qui nous a valu l'apologue de Ménénius Agrippa.

Que de fois le Forum, que nous avons sous les yeux, devint le théâtre de luttes sanglantes entre les tribuns et les consuls, entre les plébéiens et les patriciens ! Quoique séparés par des siècles, nous ne devrions pas, dans une admiration exagérée pour la république romaine, oublier les désordres qui, si souvent, troublèrent son repos, les infamies et les cruautés qui, trop souvent aussi, souillèrent sa gloire et son nom.

C'est dans ce Forum que les vieux sénateurs attendirent immobiles sur leurs chaises curules les fiers Gaulois, vainqueurs des Romains sur les bords de l'Allia. A leur vue, les soldats les prennent pour des êtres divins, et n'osent ni les interroger, ni les toucher. Cependant un Gaulois, s'approchant de l'un d'eux, passe sa main sur sa longue barbe ; le sénateur offensé frappe de son bâton d'ivoire la tête du Gaulois qui tire son épée, et le tue. C'est le signal d'un massacre général. Le Capitole résiste, défendu par la jeunesse romaine.

Et voici qu'en repassant, dans notre esprit, toutes ces scènes de l'histoire, ces ruines, dans leur mystérieux langage, nous rédisaient comment le brave Manlius, réveillé par les cris aigus des oies consacrées à Junon, sauva le Capitole en précipitant, du haut des remparts, les Gaulois sur le point d'égorger les sentinelles endormies et de surprendre la forteresse.

Au milieu de ce Forum si bruyant autrefois et aujourd'hui solitaire, nous cherchions à découvrir les débris de la statue du vieux Caton, qui portait cette inscription flatteuse : « *A Caton le censeur, pour avoir relevé la république romaine, en réformant les mœurs.* » Mais notre enthousiasme pour le rigide censeur savait avoir des mesures, en songeant qu'il s'abandonnait lui-même, dans son intérieur, aux vices déplorables qu'il condamnait en public, preuve évidente que parmi les païens, il était bien rare de trouver des vertus solides et complètes. Les philosophes n'étaient pas les apôtres qu'il fallait alors pas plus qu'aujourd'hui, pour réformer le monde. Le pêcheur de Galilée et le corroyeur de Tarse par leur parole et par leur sang, firent avec la croix l'œuvre de régénération que le paganisme, sensuel et corrompu, était incapable d'entreprendre et surtout de consommer.

Appuyé sur la rampe qui relie aujourd'hui le Capitole à l'Arc de Septime-Sévère, chacun de nous cherchait, mais en vain, la place que dut occuper la tribune aux harangues, où tant d'orateurs célèbres se firent entendre sans pouvoir faire oublier l'éloquence de Cicéron que ses discours fameux contre les Verrès et les Catilina placèrent au rang des plus grands orateurs de l'antiquité. La tribune avait disparu ainsi que la salle du sénat, avec plusieurs temples et ces boutiques où Virginius prit le couteau dont il perça le cœur de Virginie, sa fille, pour l'arracher au déshonneur que lui réservait l'infâme Appius. Ces trois colonnes que l'on aperçoit encore debout sont les restes du temple de Jupiter Tonnant, et ces ruines appartiennent au temple de la Concorde ; les huit colonnes qui sont plus loin appartenaient au temple de la Fortune Capitoline. Et des assemblées tumultueuses du peuple, et des scènes orageuses et sanglantes quelquefois, dont le Forum fut si souvent le théâtre, je reportais naturellement ma pensée sur les assemblées pacifiques d'évêques et de prêtres, présidées par le vénérable et saint vieillard du Vatican, et j'étais fier d'appartenir à une société où l'autorité la plus paternelle trouve, jusqu'aux extrémités de la terre, la soumission la plus prompte et la plus filiale. L'antique sénat disparaissait à mes yeux avec son prestige et sa majesté, le drapeau de la croix flottait sur les hauteurs du Capitole, déserté par les dieux. Rome était chrétienne, et l'église catholique y établissait le siége de son empire sur les ruines du paganisme vaincu.

Arc de Septime Sévère. — Nous ne quitterons pas le Forum sans dire un mot du magnifique arc de triomphe que le sénat et le peuple romain, aussi grands dans leur généreuse reconnaissance qu'ils l'étaient dans leur cruauté, firent élever, en l'honneur de Septime Sévère, pour les victoires qu'il remporta avec ses fils sur les Parthes et autres nations barbares de l'Orient. Cet arc est de marbre grec, et a trois ouvertures, comme celui de Constantin. Les huit colonnes cannelées qui le décorent sont d'ordre composite. Les bas-reliefs en partie bien conservés représentent les principales expéditions faites par Septime Sévère. Les voûtes des arcades sont remarquables par des caissons et des rosaces d'une belle architecture. On a, par des fouilles, mis à découvert les restes de la voie sacrée qui conduisait au Capitole en passant sous cet arc.

Près de nous, à gauche, voici l'église de St-Luc et l'académie des Beaux-arts dite de St-Luc. Plus loin à notre droite, cet édifice de forme ronde est l'église de St-Théodore que le pape Adrien Ier fit bâtir sur les ruines du fameux temple de Vesta où l'on conservait le feu sacré et le *Palladium*. Le Palatin domine cette église. C'était là qu'avaient lieu les lupercales, dont nous avons hérité dans les ignobles fêtes du carnaval.

En nous dirigeant vers l'*Arc de Titus*, nous rencontrons sur notre gauche le temple de Romulus et de Rémus, aujourd'hui église des saints Côme et Damien; bientôt après, les restes imposants de la magnifique basilique de Constantin que Maxence fit construire et que le sénat consacra depuis à Constantin, son rival dans l'empire. Cette basilique avait trois cents pieds de longueur sur deux cents pieds de largeur et à peu près soixante dix de hauteur. La colonne en marbre blanc, cannelée, que l'on voit sur la place de Ste-Marie-Majeure, surmontée de la statue en bronze de la sainte Vierge, faisait partie de cette immense basilique. L'église de sainte Françoise, romaine, qui est voisine, offre à la vénération des fidèles l'empreinte du genoux de saint Pierre, priant pour confondre Simon le magicien.

Arc de Titus. — Nous voici en présence de l'arc de triomphe que le sénat et le peuple romain élevèrent en l'honneur de Titus, fils de Vespasien, pour la conquête de Jérusalem. Il est de marbre pentélique et n'a qu'une seule arcade. Moins grand que les autres arcs de triomphe, il est cependant le plus beau monument en ce genre que nous ait légué l'antiquité. On signale avec raison les deux bas-reliefs fort remarquables qui le décorent. C'est, à gauche, Titus triomphant sur un char attelé de quatre chevaux de front conduits par Rome sous les traits d'une femme. La Victoire couronne l'empereur, et une foule de soldats le précède et le suit. A droite, on a représenté la partie la plus intéressante de la pompe triomphale qui précédait le char; on y voit des prisonniers, les vases sacrés, le candélabre d'or à sept branches, les trompettes d'argent et d'autres dépouilles du temple de Jérusalem. Sous la voûte de l'arcade enrichie de belles rosaces, on distingue la figure de Titus, portée par un aigle pour faire allusion à son apothéose.

Palais des Césars. — Les ruines que nous voyons sont celles du Palais des Césars sur le mont Palatin. Nous sommes au centre de Rome payenne. Cette colline du Palatin reçut les premiers habitants de cette contrée, et devint, comme nous l'avons déjà dit, le berceau de la puissance romaine. C'est là qu'établirent leur demeure, les Gracches, Crassus, Cicéron, Catilina, Marc-Antoine et plusieurs empereurs.

Auguste jeta le premier, sur le Palatin, le fondement du palais qui nous occupe. Tibère et Caligula continuèrent l'œuvre commencée, en lui donnant de plus grandes proportions. Mais Néron, trouvant le palais trop petit pour s'y loger, l'agrandit tellement que ce fut bientôt une ville d'édifices et de monuments, renfermant dans son enceinte des jardins, des bois, des étangs, des fontaines, des Thermes, des collines même, car le palais nouveau traversa la plaine et couvrit l'Esquilin de ses somptueuses constructions. Sa marche envahissante fut arrêtée par un violent incendie qui fit bientôt de tant de magnificences un vaste et immense monceau de ruines.

Néron, en présence de ce désastre, ne se découragea pas, et en peu de temps un second palais sortit de ces ruines plus grandiose que le premier. Il était si riche, si resplendissant d'or qu'il fut appelé : *Maison dorée de Néron*. Le portique extérieur soutenus par trois mille colonnes peut donner quelque idée de ce que pouvait être ce fameux palais ou l'orgueil et le sensualisme avaient rassemblé tout ce que le monde a de plus rare et de plus précieux. Ce qu'il en reste aujourd'hui forme les ruines imposantes du palais des Césars, où les instincts sanguinaires furent toujours au niveau des instincts voluptueux. Il suffit de nommer Tibère perdu de débauches et fort ingénieux à trouver de nouveaux genres de supplices; Caligula dont Tibère disait, en lui livrant les rênes de l'empire : « Je laisse au peuple romain un serpent pour le dévorer, et au monde un Phaéton pour l'embraser. » On connaît ses folies, ses débauches et ses cruautés. Quant à Néron, il résume à lui seul tous les genres d'infamie, y compris le parricide.

L'espace qui s'étend autour de nous, était autrefois occupé par l'ancienne Rome. Voulant se donner un jour le spectacle d'un immense incendie, Néron fit mettre le feu aux quatre coins de la ville, tandis que lui-même, monté sur une haute tour, contemplait avec joie l'affreux tableau de Rome dévorée par les flammes. Le tyran profita de ce désastre qui avait détruit son palais pour construire sa somptueuse Maison dorée.

Mieux que personne, Néron était digne d'ouvrir l'ère sanglante des persécutions contre l'Eglise. Il trouva très à propos d'accuser les chrétiens de l'incendie de Rome, et la populace, avide de sang et de spectacles cruels, applaudit de grand cœur aux supplices horribles que le tyran prépare aux disciples de Jésus-Christ. Les chrétiens sont enduits de poix, nous raconte Tacite, et on les voit brûler comme des flambeaux sur les longues avenues et dans les promenades nocturnes. Et monté sur un char que suivent les chars des sénateurs, Néron parcourt toutes les avenues aux applaudissements stupides d'une vile multitude.

Ces horribles amusements furent comme les préludes atroces des persécutions que l'Eglise eut à subir pendant trois cents ans, de la part des empereurs romains. On frémit encore au récit des affreux tourments infligés aux chrétiens par les ignobles tyrans qui, tour à tour, gouvernent l'empire pendant ces trois siècles, et l'on rappelle, avec effroi, les cruautés capricieuses que ces monstres couronnés exerçaient contre le peuple dans ces lieux mêmes que nous visitons. C'était là, peut-être, qu'à la fin de ses repas un Caligula torturait quelque noble patricien, afin d'entendre ses gémissements, ou qu'il faisait écorcher tout vifs des enfants sous les yeux de leurs parents pour jouir de leurs angoisses. C'est peut-être dans cette rue que l'empereur Commode, recouvert d'une peau de lion, assommait à coups de massue les pauvres qu'il rencontrait, ou s'amusait à trancher un bras à l'un, une jambe à l'autre, après avoir coupé le nez, les oreilles des officiers de son palais. C'est ainsi que Dieu punissait le peuple romain de ses instincts féroces, en courbant son front orgueilleux aux pieds de lâches et ignobles tyrans.

Eglise de Saint-Augustin. — Cette église a trois nefs et date du quinzième siècle. Le cardinal d'Estouteville, évêque d'Ostie et ambassadeur de France, la fit bâtir sur les dessins du célèbre architecte Pintelli. Les Pères Augustins s'occupent activement de la décoration intérieure de cette église. Les travaux de la nef transversale sont terminés depuis 1861, ceux de la nef du milieu sont en voie d'exécution. Sans entrer dans tous les détails d'autels, de chapelles et de peintures que je pourrais vous donner sur cette église, je dois cependant signaler d'une manière toute particulière à droite, en entrant par la porte principale, la statue de la sainte Vierge avec l'enfant-Jésus dans une niche toute resplendissante des offrandes les plus riches et les plus précieuses.

Plusieurs fois, sous l'influence d'un pieux sentiment mêlé d'un peu de curiosité, je me suis arrêté pour être témoin de la grande vénération des fidèles pour cette Vierge. J'étais, je l'avoue, grandement édifié de l'affluence et du recueillement de tous ceux qui venaient rendre hommage à la Vierge Marie; avec bonheur je constatais que le respect humain n'exerce qu'un bien faible empire dans la ville Eternelle. Ici comme à Saint-Pierre, que d'hommes, que de jeunes gens, élégamment vêtus, se mêlaient à la foule pieuse, et venaient à leur tour embrasser le pied de la sainte Vierge, et le frapper légèrement du front, en signe de respect et d'affectueuse soumission. Je ne parle pas des zouaves pontificaux que, chaque matin, on rencontrait disséminés çà et là dans les églises, assistant à la messe; je les voyais à la statue de la Vierge comme je les avais vus à celle de saint Pierre. Et c'est justice de rendre un témoignage public aux sentiments catholiques qui animent les jeunes héritiers des héros de Castelfidardo. La vie rude et pénible du soldat, si opposée à celle qu'ils pourraient mener dans leurs familles, dit assez qu'une pensée de dévoûment et de foi a seule inspiré leur généreuse détermination. Quant à nous, nous gardons le plus doux souvenir de leur piété, de leur bonne tenue et de leur complaisante politesse, qui bien souvent, nous a tiré d'embarras. Heureuses les familles qui, dans leur arbre généalogique, peuvent rencontrer le nom glorieux d'un croisé, heureuses celles qui pourront y inscrire avec honneur celui d'un zouave pontifical.

La sainte Vierge ne sera point jalouse de cette petite digression en faveur de ceux qui sont accourus défendre un de ses serviteurs les plus dévoués, l'immortel Pie IX, si empressé à propager partout son culte et ses augustes priviléges. Reine puissante, elle établit où elle veut, le siége de son empire qui est aussi celui de ses libéralités. Ne me demandez pas les motifs de ses divines préférences; contentez-vous d'admirer avec moi, dans l'église de saint Augustin, les ex-voto innombrables, offerts à la Vierge par la piété des fidèles, pour des grâces reçues. J'y ai remarqué des montres, des croix d'honneur, des bracelets, des anneaux et des colliers du plus grand prix; quant aux cœurs d'or et d'argent, on ne les compte pas.

La cinquième chapelle à droite, près de la sacristie, est célèbre pour avoir été fréquentée par saint Philippe de Néri, qui passait des heures entières en prière devant le crucifix, auquel cette chapelle est encore dédiée. La nef transversale nous offre à admirer la splendide décoration où Cagliardi a si habilement ménagé l'harmonie, entre les dorures brillantes, les marbres choisis, et les peintures et les superbes fresques qui décorent les piliers et la coupole.

Au fond, à droite de cette nef, remarquez la chapelle consacrée à saint Augustin. Les deux grandes fresques que vous voyez, représentent la conversion de saint Augustin et la dispute qu'il soutint à Carthage. Les quatre colonnes de l'autel sont en marbre africain, et le superbe tableau qu'elles encadrent est du Guerchin; il a pour sujet, saint Augustin avec saint Jean-Baptiste et saint Paul, premier ermite.

La chapelle qui est à gauche, du maître-autel, est dédiée à sainte Monique, mère de saint Augustin. On y conserve, dans une belle urne de vert antique, le corps de la sainte transporté d'Ostie à Rome en 1430. Les fresques de la voûte redisent, en riches couleurs, les traits de la vie de sainte Monique. Les autres peintures se rapportent à la conversion de saint Augustin.

Vient ensuite la magnifique chapelle de saint Thomas de Villeneuve dont les peintures, les fresques et les sculptures, lui donnent une place distinguée dans cette église. Au troisième pilier de gauche, dans la nef principale, Raphaël, voulant rivaliser avec Michel-Ange, a peint la fameuse fresque qui représente le prophète Isaïe.

Place Navone. — Allant un jour du quartier Saint-Louis-des-Français à la basilique de Saint-Pierre, j'arrivais sans le savoir, sur une des plus belles places de Rome; c'était la place Navone, qui occupe l'emplacement du cirque d'Alexandre Sévère, où l'on voyait jadis combattre les athlètes, les pugiles et les coureurs.

Cette place est entourée de maisons élégantes et d'édifices remarquables, parmi lesquels on distingue la petite église de Saint-Agnès que nous n'avons pas eu le temps de visiter, nous réservant d'aller visiter celle qui est hors les murs. Par les soins de Grégoire XIII, les deux extrémités de cette place furent décorées de deux grandes fontaines à deux bassins que des tritons remplissent d'eau en soufflant dans des conques marines.

Le pape Innocent X, pour compléter l'ornementation de cette place, fit ériger la fontaine du milieu qui attire tous les regards par sa grandeur et sa magnificence. Voyez plutôt par vous-même. Du milieu d'un bassin circulaire en marbre de soixante-treize pieds de diamètre s'élève un rocher, haut d'environ quarante et un pieds, qui supporte à son tour l'obélisque de Caracalla. A sa base, ce rocher granitique est caverneux et forme comme une espèce de grotte d'où sortent d'un côté un fougueux cheval marin et de l'autre un lion.

Aux quatre angles du rocher, on voit assises quatre statues colossales, représentant les quatre principaux fleuves du monde : Le Gange, le Nil, la Plata et le Danube. Le rocher et les statues laissent échapper huit prodigieuses masses d'une eau limpide et abondante. On raconte qu'Innocent X, pressé de voir terminer cette fontaine, s'impatientait contre le Bernin. Un our, il se retirait se plaignant que les eaux ne jouassent point encore, quoique le monument fut achevé. L'habile architecte laissa le pape s'éloigner de quelques pas, puis tout-à-coup le fracas des eaux jaillissantes vint surprendre le pontife qui tourna la tête et poussa un cri d'admiration : « Bernini ! s'écria-t-il, vous êtes toujours le même ! cette heureuse surprise me donne dix ans de vie ! »

Il paraît que tous les samedis et les dimanches, pendant le mois d'août, où les chaleurs sont accablantes à Rome, cette place dont le niveau est abaissé, se transforme en un petit lac, en recevant l'eau fraîche des trois fontaines; alors le peuple accourt en foule pour se divertir, et pendant que des musiques militaires font entendre leurs joyeuses fanfares, les piétons et les voitures se promènent à travers les eaux de la place pour adoucir les chaleurs de la saison, ce qui produit les scènes les plus pittoresques. C'est comme un lointain souvenir, une image imparfaite des naumachies antiques.

J'ai fait assez comprendre, sans le dire, que je n'étais pas seul dans mes excursions à travers la ville éternelle.

Nous étions, en effet, quatre jeunes prêtres du diocèse de Périgueux presque toujours ensemble. Logés au petit palais Borghèse, nous nous réunissions chaque soir après les courses de la journée pour régler nos dépenses et tracer l'itinéraire que nous nous proposions de suivre le lendemain. Et comme pour faire diversion à nos promenades sérieuses, et aux pensées tristes que pouvaient faire naître en nous la patrie et la famille absentes avec la crainte de tomber malades, nous ne nous quittions jamais sans avoir dit le mot pour rire, distraction nécessaire pour ne pas succomber à la tentation du *spleen* sur la terre étrangère. Notre petite caravane, se composait de l'abbé Rey, pro-secrétaire de l'évêché de Périgueux, de l'abbé du Plantier, vicaire de la cathédrale, et de l'abbé Magueur, missionnaire diocésain, qui s'est joint à nous à Rome seulement. Ainsi faites à quatre, nos courses ne pouvaient manquer d'être intéressantes et fructueuses. Les uns découvraient des détails et des beautés que les autres ne voyaient pas ; chacun faisait ses recherches, communiquait ses observations et profitait des lumières de tous.

Saint-Agnès-hors-les-murs. — Pour nous rendre à cette église nous sommes sortis de Rome par la porte Pie qui s'ouvre sur la voie Nomentana. A droite, à quelques mètres de la porte, on remarque la Villa-Patrizi qui fut presque entièrement ruinée lors du siége de Rome en 1849. Plusieurs maisons de campagne qui nous ont paru parfaitement entretenues, bordent la route des deux côtés. Parmi les villa, il faut surtout citer la grande *Villa-Torlonia,* une des plus magnifiques et des plus délicieuses de Rome ; au nombre de ses édifices se trouvent un amphithéâtre et un théâtre pour les spectacles du jour et ceux de la nuit.

L'église que nous allons visiter a été bâtie par Constantin-le-Grand, à la prière de Constance, sa fille, sur le cimetière de Ste Agnès, dans l'endroit où l'on trouva le corps de cette sainte. On est obligé de descendre à l'église par un escalier en marbre ; sur les murs, des deux côtés, on lit des inscriptions sépulcrales, parmi lesquelles se trouve celle que le pape St Damas fit placer sur le tombeau de Ste Agnès. Tout le monde sait comment cette jeune et intrépide chrétienne, à peine âgée de treize ans, triompha de toutes les promesses comme de toutes les menaces de ses infâmes bourreaux, et comment le glaive qui lui trancha la tête, lui procura la double couronne du martyre et de la virginité.

L'église de Ste Agnès est à trois nefs que séparent deux rangs de colonnes antiques. Le baldaquin est soutenu par quatre colonnes de porphyre précieux. Le maître-autel, qui est composé de marbres les plus rares, renferme le corps de la sainte. Cette église a été magnifiquement restaurée en 1856 par les soins du souverain pontife Pie IX, pour remercier Dieu d'avoir échappé à l'accident dont sa sainteté faillit être victime. Le 12 avril 1855, le pape après avoir visité l'oratoire et les catacombes de St Alexandre, venait de s'arrêter avec sa cour devant le couvent de Ste Agnès, où il voulut bien admettre au baisement des pieds les élèves de la propagande, en présence de sa cour et de personnages de haut rang. Or, pendant cette cérémonie la poutre qui soutenait le plancher de la salle se brisa subitement et tout le monde fut précipité pêle-mêle dans les pièces du rez de chaussée.

Quelques personnes furent seulement blessées, et le pape sortit sain et sauf des ruines. En reconnaissance de la protection divine dont il venait d'être visiblement l'objet, Pie IX ordonna la restauration de l'église, et quelques personnages transformèrent, à leurs frais, en une salle magnifique, le lieu même où arriva ce fâcheux accident qu'on a représenté dans une grande fresque qui couvre la paroi principale de la salle. Outre le pape, nous avons parfaitement reconnu plusieurs cardinaux que nous avions déjà vus.

Ste Marie de la Victoire. — En rentrant à Rome par la porte Pie, nous suivons la rue de ce nom, et bientôt nous rencontrons sur notre droite l'église de Ste Marie de la Victoire, ainsi appelée à cause de plusieurs victoires que les catholiques remportèrent sur les hérétiques et les Turcs par l'intercession de la Ste Vierge, dont l'image était l'objet d'une vénération particulière sur le maître-autel.

Les fresques latérales de la seconde chapelle, à droite sont, des ouvrages fort estimés du Dominicain. Sur l'autel de la croisée, au milieu de quatre colonnes de vert antique, on voit la statue de St Joseph dormant, et un ange qui lui apparaît en songe, c'est l'œuvre du Guide. Les peintures de la coupole appartiennent à Dominique l'éreusin.

De l'autre côté de la croisée, nous avons pu admirer, dans la somptueuse chapelle de Ste Thérèse, un des chefs-d'œuvre du Bernin, une statue de la sainte réformatrice du Carmel, représentée dans l'extase de l'amour divin. Ces drapeaux que nous voyons suspendus au dessus du maître-autel furent enlevés aux Turcs dans la bataille de Lépante en 1571, trophées glorieux, ex-voto précieux qui, en publiant la puissance de Marie, confirment aussi la vérité du *Souvenez-vous* de St. Bernard

L'eau Felice — En sortant de Ste Marie de la Victoire nous n'étions pas loin de la place *Termini*, où nous sommes allés voir une des plus belles fontaines de Rome qui en possède un si grand nombre, la fontaine de l'eau *Felice*, ainsi appelée du nom de Félix que portait Sixte-Quint avant d'être pape. Cette fontaine, construite par les soins de ce pape sur les dessins de Fontana, a trois arcades, et est ornée de quatre colonnes ioniques de différents marbres. Dans l'arcade du milieu on voit, sans l'admirer, la statue colossale de Moïse frappant le rocher. Sa pose et sa forme, mal réussies, ajoutent encore, s'il est possible, par la comparaison, un nouveau cachet de grandeur au Moïse inimitable de Michel-Ange, sur le mausolée de Jules II. Des deux bas-reliefs que renferment les deux arcades latérales, l'un représente Aaron conduisant le peuple hébreux se désaltérer à la source miraculeuse, et l'autre représente Gédéon qui, voulant faire passer le fleuve aux hébreux, choisit des soldats pour en essayer le passage. Trois bassins en marbre reçoivent l'eau qui s'échappe en abondance par trois ouvertures, et quatre lions, de style égyptien, jetant de l'eau, semblent être les gardiens de cette belle fontaine. La place où nous nous trouvons s'appelle *Termini*, des anciens thermes de Dioclétien, les plus vastes de Rome; trois mille personnes pouvaient s'y baigner en même temps. Ces bains publics, disent les historiens, renfermaient de beaux portiques, des cours et des salles magnifiques ; il y avait aussi des bosquets et des allées délicieuses pour se promener. On voit que les Romains étaient tout aussi habiles que nous dans l'art de multiplier les aises de la vie ; le luxe et la mollesse de l'orient avaient envahi l'empire, et les libres-penseurs de cette époque, précurseurs de ceux de notre temps, chantaient sur mille tons, comme un progrès essentiel, le culte de la matière, conduisant à l'idolâtrie de soi-même. Mais on peut lire dans l'histoire comment le progrès dans le sensualisme creusa le tombeau de l'empire romain. On lira bientôt, écrite avec le sang corrompu de toutes ses ignominies, la honteuse agonie de l'empire turc. Heureux si dans l'étude du passé, les peuples et les souverains savaient puiser d'utiles leçons pour leur propre conduite.

Palais Barberini. — Pour visiter le palais Barberini, nous n'avons qu'à faire quelques pas, et nous nous trouvons sur la place qui porte son nom. Autrefois cette place faisait partie du cirque de Flora. La belle fontaine qui la décore aujourd'hui est l'ouvrage du Bernin, elle est formée de quatre dauphins qui, avec leurs queues soulevées soutiennent une grande coquille ouverte sur laquelle est un Triton sonnant un buccin par où il jette l'eau à une grande hauteur.

De la place, nous entrons dans le somptueux palais des Barberini, dont Maderne donna le plan, et que Bernin acheva, en faisant la façade fort remarquable par le caractère grandiose de son architecture. Arrivés un peu tard, nous n'avons pu que traverser rapidement les différentes salles qui renferment une intéressante collection de tableaux où figurent souvent les noms des plus grands maîtres. Nous avons eu le regret de ne pas visiter la célèbre bibliothèque qui contient cinquante mille volumes de livres imprimés et beaucoup de précieux manuscrits.

Saint-André delle Fratte — L'emplacement occupé par cette église était autrefois couvert de jardins et de vignes entourées de haies qu'en italien on appelle *Fratte*, d'où vient le nom de Saint-André delle Fratte, et non pas des frères. Cette église très-modeste, et autrefois peu fréquentée est depuis vingt-cinq ans l'objet d'un pélerinage de la part des fidèles de Rome, des catholiques étrangers, et des Français surtout qui viennent vénérer dans une chapelle du côté gauche l'image de la Vierge Immaculée, et telle qu'elle apparut dans ce sanctuaire à monsieur Alphonse de Ratisbonne lorsqu'il tomba Juif à ses pieds, pour se relever chrétien.

Jeune Israélite d'une position élevée, d'une éducation brillante, plein d'une haine railleuse contre la religion catholique, Alphonse-Marie Ratisbonne avait fait ses études au collège royal de Strasbourg. Son frère Théodore s'étant converti à la foi catholique, il ne voulut plus avoir de rapport avec lui et saisit toutes les occasions qui se présentèrent pour couvrir de moqueries la sainte détermination de son frère qui, bientôt, entra dans l'état ecclésiastique.

En attendant que le moment fût venu de contracter un mariage qu'on lui proposa, Alphonse dut faire un voyage d'agrément. Il partit dans l'intention de voyager en Orient en visitant l'Italie méridionale avec l'idée arrêtée de ne point aller à Rome. Monsieur Ratisbone avait des raisons, dit-il, de ne pas se rendre à Rome. Et voici que sans pouvoir donner un motif à sa détermination, il quitte Naples et arrive dans la ville éternelle le 6 janvier, jour de l'Epiphanie. Il y fait la rencontre d'un ami d'enfance, protestant, Gustave de Bussière. Il va dîner chez lui. M. Théodore, fils aîné de cette honorable famille, avait abandonné le protestantisme pour se faire catholique. Ayant voyagé en Sicile et en Orient, il avait publié ses impressions de voyage. M. Ratisbonne, avant d'entreprendre les mêmes courses, désire avoir quelques indications de sa part, et lui exprime l'intention de lui faire une visite.

Pendant cinq à six jours, il court dans Rome avec son ami Gustave de Bussière, faisant assaut ensemble d'ironies et de blasphèmes contre le catholicisme. Il accepte, en se moquant, une médaille de la sainte Vierge que lui remet M. Théodore, et s'écrie : « Ha! ha! ha! me voici catholique, apostolique et romain. » Il promet, par complaisance, de réciter tous les jours le *memorare*, et continue ses railleries contre la religion.

Enfin le jeudi 20 janvier 1842, après avoir déjeuné, M. Ratisbonne va trouver son ami Gustave de Bussière; il l'a quitté vers onze heures, après avoir échangé ensemble quelques mots grossiers et impies sur une bénédiction qui allait avoir lieu dans une église de Rome. En sortant d'un café, Alphonse rencontre la voiture de M. Théodore de Bussière, qui le fit monter avec lui pour une promenade. On passe devant l'église de Saint-André-delle-Fratte. M. de Bussière s'y arrête pour aller au couvent retenir une tribune destinée à la famille du comte de la Ferronays, un de ses amis, qui venait de mourir subitement, et à qui on se préparait à rendre les derniers honneurs dans cette église.

« En attendant le retour de M. de Bussière, je descendis, nous raconte M. Alphonse Ratisbonne, pour visiter l'église ; elle est petite, pauvre et déserte...... Aucun objet d'art n'y attirait mon attention ; je promenais machinalement mes regards autour de moi. . . . Bientôt je ne vis plus rien... ou plutôt, ô mon Dieu, je vis une seule chose.

« Comment serait-il possible d'en parler ? oh ! non, la parole humaine ne doit point essayer d'exprimer ce qui est inexprimable ; toute description, quelque sublime qu'elle puisse être, ne serait qu'une profanation de l'ineffable vérité.

« J'étais là, prosterné, baigné dans les larmes, le cœur hors de moi-même, quand M. de Bussière me rappela à la vie. Je ne pouvais répondre à ses questions précipitées ; mais enfin je saisis la médaille que j'avais laissée sur ma poitrine ; j'embrassai avec effusion l'image de la Vierge rayonnante de grâces. . . . . . Oh ! c'était bien elle !! »

Ainsi l'Apôtre des nations avait été frappé sur le chemin de Damas. Après un mûr examen de toutes les circonstances, cet événement prodigieux fut décrété à Rome *vrai et insigne miracle*, par un rescrit du 3 juin 1842.

Je serais heureux d'apprendre comment ceux qui ne croient pas au surnaturel peuvent expliquer, en dehors de l'intervention divine, la conversion si subite de M. Alphonse Ratisbonne.

Je doute fort que la physique et la chimie parviennent jamais à revendiquer les phénomènes étranges et les transformations inattendues qui ont eu lieu dans la personne du jeune Israélite de Strasbourg. Voici la simple vérité connue de tout le monde : un Juif se moque de notre religion, de son culte et de ses pratiques. Railleur, riche, plein de jeunesse et d'avenir, ce Juif doit, au retour d'un voyage magnifique, épouser une fiancée qu'il aime, et prendre la direction des affaires d'un oncle, riche banquier.

Tout-à-coup, dans l'espace de quelques minutes, Alphonse Ratisbonne entre, par hasard, dans une église, se prosterne, malgré lui, devant une image de la sainte Vierge, qu'il aperçoit dans une ineffable vision. Il comprend tout sans qu'elle lui parle. Et en se levant, ô prodige inouï le Juif, tout à l'heure blasphémateur et impie, demande à faire une abjuration publique, à recevoir le sacrement, à renoncer enfin à tout ce qui peut séduire, et séduit chaque jour les jeunes gens de son âge.

Avenir brillant, richesses et plaisirs du monde, M. Ratisbonne méprise tout, se fait religieux et devient un saint prêtre qui raconte, à qui veut l'entendre, la miséricorde de Dieu et la puissance de la sainte Vierge sur lui. Que les habiles de la science réunissent leurs lumières pour combiner les forces latentes, qu'ils analysent le sang et le cerveau pour trouver une cause naturelle à un phénomène qui est si peu naturel. Quant à moi, en attendant qu'ils expriment ce qui est inexprimable d'après le jeune converti, je préfère répéter avec les mages de Pharaon, et avec la clairvoyante sagesse de l'église : *Digitus Dei est hic*, le doigt de Dieu est là.

Fontaine de Trèvi. — C'était vers le soir, non loin de Saint André que nous venons de visiter, nous nous trouvâmes presque sans nous en douter en face de la grande et magnifique fontaine de Trèvi, dont les eaux abondantes répandaient la fraîcheur autour de nous. Le silence et l'étonnement suffisent d'abord à exprimer le sentiment d'admiration que l'on éprouve en contemplant tous les détails merveilleux de cette immense fontaine, le plus grand œuvre de ce genre, et la première de Rome par la salubrité et la fraîcheur de ses eaux.

Agrippa, gendre d'Auguste, fit conduire à Rome l'eau de cette fontaine pour l'usage de ses thermes placés derrière le Panthéon. Avant d'arriver, elle parcourt un conduit souterrain de vingt-un kilomètres. Pie IV ayant fait réparer l'acqueduc de l'eau Vergine, ainsi appelée parce qu'une jeune fille en montra la source à des soldats altérés, fit construire son grand émissaire d'un côté de la façade principale du palais Poli. Enfin, après quelques transformations, un des côtés du palais Poli sert lui-même de façade à cette belle et surprenante fontaine. Six pilastres d'ordre Corinthien, séparés par des fenêtres, forment les côtés, tandis que quatre énormes colonnes du même ordre forment un avant-corps dans le milieu surmonté d'une ortique, où figurent quatre statues faisant allusion à l'abondance des fleurs, à la fertilité des campagnes, aux richesses de l'automne et aux agréments des prairies.

Dans la niche du milieu, somptueusement décorée de colonnes et d'ornements, on voit la statue colossale de l'Océan qui le sceptre à la main semble sortir de son palais sur un char traîné par deux chevaux marins que conduisent deux Tritons. A gauche et à droite, on remarque deux statues qui sont celles de l'Abondance et de la Salubrité.

Mais ce qui rend vraiment admirable cette magnifique fontaine d'une invention pittoresque, d'après un guide de Rome, c'est, comme nous le voyons, la grande quantité d'eau qui jaillit et dégorge en dix ou douze manières à travers de grandioses masses de rochers, et surtout cette prodigieuse masse d'eau qui sort au dessous de la statue de l'Océan, et qui écumant comme un torrent impétueux, tombe par trois fois de conque en conque et se précipite enfin dans un immense bassin de marbre qui est au dessous.

Place d'Espagne. — Cette place doit son nom au palais de la cour d'Espagne qui y est situé. Les grandes et belles maisons qui la bordent de tous côtés servent pour la plupart d'hôtel aux étrangers. Le collège de la Propagande a sa façade principale sur cette place. Sa plus importante décoration est aujourd'hui le superbe monument que le souverain Pontife Pie IX fit ériger en 1856, en mémoire de la solennelle définition dogmatique de l'Immaculée conception de la sainte Vierge.

Le célèbre architecte Louis Poletti fut chargé par le Pape d'exécuter ce travail, en se servant d'une belle colonne de marbre carystien trouvée en 1778 et qui n'avait pas encore de destination.

Le commandeur Louis Poletti fut à la hauteur de sa renommée. De quatre coins du piédestal octogone de la colonne, il a fait naître quatre piédestaux qui supportent assises les statues en marbre des prophètes qui ont parlé d'une manière spéciale de la Vierge immaculée. Elles représentent en dimensions colossales Moïse, David, Isaïe et Ézéchiel, dus au ciseau des plus habiles sculpteurs. De magnifiques bas-reliefs en marbre décorent les quatre faces principales du soubassement. C'est la définition du dogme, le songe de saint Joseph, l'annonciation, le couronnement de la sainte Vierge au ciel. Chaque bas relief a eu son sculpteur particulier.

La statue de la Vierge, qui domine le monument, est en bronze, ainsi que le groupe des emblèmes de quatre évangélistes soutenant le globe terrestre sur lequel repose la statue.

Le monument fut solennellement inauguré par le pape Pie IX, le 8 septembre 1857.

N'oublions pas, pour achever la décoration de cette place, de signaler sa belle fontaine à forme nautique, et pour cela appelée la *Barcaccia*, et enfin l'imposant escalier à deux rampes qui conduit au Pincio et que domine la façade de la Trinité-des-Morts, où la sainte Vierge, représentée à l'âge de quinze ans, est sous le vocable d'*admirabilis* l'objet d'une grande vénération.

Ce n'est pas trop tôt de rappeler ici ce qui ressort d'ailleurs de tout ce que nous avons déjà dit, comment on ne peut faire un pas dans Rome sans rencontrer à chaque instant le zèle des papes toujours occupés à augmenter le bien-être du peuple romain, et à faire de leur ville la première ville du monde par ses monuments et par les beaux arts, et par les sages institutions qui la gouvernent dans la douceur et la bonté, sous l'inspiration paternelle de la religion catholique. Et cependant, une tactique infernale de la cohorte impie des ennemis de Dieu en religion et des ennemis de la société en morale et en politique, est de répéter sur mille tons dans les journaux et ouvrages du jour, que l'Église catholique entrave la marche de l'humanité dans les voies du progrès, et que les Papes ne sont que des rétrogrades dont on va se débarrasser, parce qu'ils ne sont pas à la hauteur de notre siècle. Ce qui semble vouloir dire, qu'avant l'Église et les Papes, le monde jouissait d'une civilisation bien supérieure à celle qui lui a succédé sous l'influence de la croix. Mais cette civilisation disparue, on la connaît, c'est celle du Colisée et des Lupercales, des Tibère et des Néron, des Commode et des Vitellius, monstres abominables, dont les noms seuls signifient atroces cruautés, ignobles infamies. Mais cette société romaine qu'on a l'air de regretter, on la connaît, avec les vices flétrissants de ses esclaves, de ses maîtres, avec ses excès quotidiens d'intempérance, ses débauches effrénées, ses brigandages publics et ses quatre cents sénateurs et dames romaines qui s'abaissaient jusqu'à combattre au milieu du cirque comme gladiateurs, sans qu'aucune voix autorisée se fît entendre d'une manière solennelle pour condamner et flétrir à jamais tant d'iniquités publiques et privées, dont les dieux eux-mêmes passaient pour être les protecteurs.

On connaît aussi la vie des Papes; qu'on la compare avec celle de la plupart de ces indignes et maudits personnages qu'on appelle empereurs romains. Où seront les civilisateurs et les pères du peuple ? De quel côté le gouvernement de la morale et de la justice ?

Que l'on compare la société chrétienne, malgré ses faiblesses inséparables de l'humanité, avec la société payenne, et qu'on dise, si on l'ose, que l'Église a arrêté la civilisation du monde.

Nous venons de traverser les États-Pontificaux soumis à l'autorité du souverain Pontife, et nous ne pensons pas que les Papes soient des rétrogrades dont il faut se débarrasser à tout prix. Nous croyons même qu'ils sont à la hauteur du siècle, en tant que cette hauteur ne dépasse pas les limites de la morale, de la justice et du respect dû à toute autorité légitime, qu'elle vienne de l'homme ou de Dieu. Mais il faut avouer que dans le cataclysme presque universel des principes conservateurs de la société civile et domestique, les Papes ne s'élèvent pas à la hauteur orgueilleuse et superbe de notre siècle qui, pour ne pas adorer Dieu, construit des autels et des temples à son propre génie qu'on adore à l'Institut, à l'académie sous le nom de science, à la Banque et à la Bourse sous la forme d'une pile d'argent.

Quant à la vapeur et à l'électricité, ces deux fées de l'industrie humaine, elles répandent leurs bienfaits sur les terres qui relèvent encore de l'autorité pontificale.

Sous le sceptre paternel du souverain Pontife, nous avons trouvé les charges moins nombreuses, et les impôts moins lourds que chez les autres peuples. Et pour la ville de Rome, capitale du royaume, on peut encore la comparer avec avantage à un grand nombre des principales villes du monde, elle est au premier sous certains rapports, et n'occupe que le second à d'autres points de vue.

Une des erreurs capitales de notre temps, c'est de vouloir couler tous les peuples subitement dans le même moule politique. La transformation des sociétés est l'œuvre lente et des siècles et de Dieu. Et le créateur du monde, sage et prévoyant dans ses œuvres, en variant les climats a varié aussi les peuples qui doivent les habiter. Erreur donc de vouloir imposer à tel peuple les usages, les mœurs et les coutumes d'un climat qui n'est pas le sien. Chaque peuple doit être jaloux de conserver le caractère qui peut le distinguer honorablement des autres peuples.

Mieux que personne, les Papes savent que Dieu a fait les nations guérissables; c'est-à-dire, susceptibles de devenir meilleures. Mais pour arriver avec succès au perfectionnement qu'il médite, le souverain-Pontife agit toujours dans la plus sage lenteur, selon le proverbe *qui va piano va sano*, qui va lentement va sûrement.

Plusieurs voudraient voir les Romains d'aujourd'hui reprendre la lance brisée des consuls et marcher de nouveau à la conquête du monde, oubliant qu'ils ont échangé depuis longtemps le javelot de guerriers contre le ciseau et le pinceau des artistes. Ne demandez pas à Rome de redevenir le théâtre des rivalités sanglantes de Marius et de Sylla, de César et de Pompée; elle est et doit rester la patrie pacifique des beaux-arts, sous la haute protection de l'Église catholique: telle est sa mission d'aujourd'hui. Et parce que le beau ciel de Rome n'est pas obscurci par la fumée noire des usines, et la vie calme de ses habitants troublée par le bruit des manufactures, s'ensuit-il que les papes soient des rétrogrades ? Parcourez plutôt les rues et les places de Rome, et partout vous rencontrerez le nom des Papes sur les monuments de l'antiquité dont ils se montrent les gardiens, et les restaurateurs quant ils menacent ruine. C'est par leurs soins qu'on a construit tous les palais et monuments publics qui font la richesse et la gloire de Rome, n'oublions pas surtout les magnifique et nombreuses fontaines qui sont à la fois pour la ville un de ses beaux ornements et un principe de salubrité sous le ciel brûlant de l'Italie. Comptez, si vous le pouvez, les artistes en tous genres dont les Papes ont été les protecteurs, qu'ils ont fait travailler, et dont ils ont fait la fortune et la renommée ?

Et quel mal y a-t-il à ce que Rome, la ville des grandes ruines et des grands souvenirs, soit consacrée à rester l'asile paisible des beaux-arts et de la religion : N'y a-t-il pas assez, dirons-nous avec Mgr l'Évêque de Périgueux : « N'y a-t-il pas toujours assez de bruit et de dissipation dans le
« monde ? Le corps peut-il se plaindre qu'on le néglige, ou la matière
« qu'on la dédaigne ? Souffrez-donc qu'il y ait un coin de terre où règnent

« le silence et la paix, où l'âme puisse avec quelque liberté rentrer en
« possession d'elle-même et porter ses regards vers les horizons de son
« éternité. Nous laissons à vos capitales leurs agitations, leurs spectacles
« et leurs bruyants plaisirs ; laissez-nous, laissez aux pèlerins de Rome
« les solitudes qui la protégent, la tranquillité de ses rues et de ses pla-
« ces, les mœurs simples et calmes de ses habitants ; et sachez que ce
« sont là les parures extérieures qui conviennent au sanctuaire où réside
« la royauté de l'esprit. »

Et puis, de quel droit, et sous quel prétexte les ennemis de l'Eglise cherchent-ils à exciter la commisération publique en faveur du peuple romain, lorsque, dit encore Mgr Dabert dans le mandement remarquable qu'il vient de publier à l'occasion de son retour à Rome : « Renfermée
« dans le cercle de ses habitudes traditionnelles, presque entièrement
« exempte de charges publiques, étrangère à tous ces spectacles qui par-
« tout ailleurs sollicitent l'égoïsme, la convoitise, et enflamment les pas-
« sions politiques, la population de Rome a tous les airs d'une famille qui
« vit heureuse et libre sous le gouvernement d'un père. Et cela doit être,
« car le nom de père est celui qu'elle donne à son roi. »

Le Quirinal. — Nous voici sur une des places les plus heureusement situées de Rome, c'est la place du Quirinal appelée aussi *Monte-Cavallo*, à cause de deux groupes d'hommes et de chevaux qui la décorent. Plusieurs croient que ces groupes considérés comme des chef-d'œuvre sont l'ouvrage de Praxitèle et de Phidias, mais ou n'a rien de certain à cet égard. Quant au sujet, on pense généralement que ce colosse représente Castor et Pollux.

C'est sur cette place que se trouve le second palais papal, le Quirinal. C'est celui que Pie IX avait choisi pour sa résidence habituelle. La grande chapelle a les mêmes proportions et la même forme que la chapelle Sixtine au Vatican, elle est appelée Pauline du nom de Paul V qui la fit bâtir. On y proclame le nouveau Pape, quand il vient d'être élu par le Conclave qui se tient dans le palais dit de la Famille, au nord du bâtiment principal.

Les salles et les appartements que nous n'avons pu visiter contiennent, il paraît, des tableaux précieux et de belles sculptures.

Nous désespérions de pouvoir pénétrer dans le magnifique jardin dont un vieux gardien, vrai Cerbère peu commode, nous avait déjà défendu l'entrée, lorsque deux évêques s'étant présentés, nous nous sommes empressés de les suivre sans tenir compte de l'interdit qui pesait sur nous. Le jardin est immense et merveilleusement décoré de statues et de fontaines. De hautes allées de buis taillées comme des murailles donnent à une partie de jardin un aspect monotone, et sévère, mais y produisent aussi une agréable fraîcheur. Des terrasses les plus élevées on peut jouir d'un coup d'œil magnifique sur la plus grande partie de la ville de Rome. Quand il fallut partir nous quittâmes à regret ce délicieux séjour où nous nous reposions si agréablement des fatigues et des chaleurs de la journée.

C'est sans doute par une de ces fenêtres que les Français pénétrèrent dans la nuit du 5 au 6 juillet 1809, pour enlever le vénérable Pie VII. Radet les conduisait. Ils brisèrent les portes, et trouvèrent le Pape écrivant à son bureau avec le cardinal Pacca. Le général resta quelques instants terrifié à l'aspect du souverain Pontife demeuré calme et digne. Sur son refus positif au sujet de l'abdication du pouvoir temporel, on l'enleva de son palais, on le mit dans une voiture, et on le fit sortir de Rome par la porte Salara.

C'est dans ce palais aussi que Pie IX fut assiégé par une cohorte de bandits. Un homme du peuple fait feu sur les fenêtres même de l'appartement du Pape ; la balle brise les vitres et ne lui fait aucun mal. Au même moment, monseigneur Palma, un des prélats de sa sainteté, est tué d'un coup de fusil dans sa chambre. C'est de ce palais que le très-saint Père est sorti pour gagner la terre d'exil ! c'est aussi en quittant ce palais que le comte Rossi, ministre fidèle de Pie IX, alla tomber sous le poignard de lâches assassins. Je viens prendre les ordres de votre sainteté dit le comte Rossi à Pie IX. — Je n'en ai qu'un à vous donner, repartit le saint Père, c'est de prendre toutes les précautions possibles pour éviter à nos ennemis un grand crime et m'épargner à moi une immense douleur ; votre vie est menacée.

Le comte Rossi part pour l'assemblée qui se tenait au palais de la Chancellerie. Il devait y prononcer le discours d'ouverture. En entrant dans la cour du palais, il est froidement accueilli par soixante hommes, enveloppés dans des manteaux très-sombres. Le ministre est bientôt environné, on le frappe sur l'épaule gauche, il détourne la tête, et reçoit au même moment un coup de poignard dans le cou.

Ses deux fils apprenant la fatale nouvelle, quittent la comtesse leur mère, et pleins d'une sainte indignation, ils s'élancent l'épée à la main vers le palais de la Chancellerie en répétant : Vengeance et mort à Sterbini ! Où est notre père ? demandèrent-ils aux gardes civiques placés devant la porte du palais, où est notre père ? Édouard, le plus jeune des fils de la victime, en costume d'aide de camp, s'adressant à la garde muette et impassible : vous êtes des infâmes, s'écria-t-il, ô vous qui ne l'avez point défendu, et qui l'avez laissé lâchement assassiner ; vous avez déshonoré votre uniforme, le mien me fait horreur, je ne le porterai plus. Cette épée avec laquelle, à Vicence, j'ai naguère combattu les ennemis de la patrie, je la maudis et je la brise. En même temps il arrache ses épaulettes, il déchire sa tunique, il brise en deux son épée, et il en foule aux pieds les débris. Plus calme, mais non moins indigné que son jeune frère, ajoute la relation qui me fournit ces détails, Alderan, devenu le chef de la famille, prend la parole à son tour et s'écrie :

« Le poignard qui vient d'assassiner notre père, a tué pour toujours la cause de la jeune Italie, cette cause, étayée sur le crime est à jamais perdue ! »

Des scènes atroces et lugubres suivirent l'assassinat du comte Rossi, et peu de temps après, l'auguste pontife, malgré la surveillance dont il était l'objet, parvient à s'échapper du Quirinal. Le roi de Naples offre Gaëte pour asile à l'illustre exilé, et reçoit aujourd'hui à Rome la même hospitalité qu'il offrit à Pie IX.

A l'heure où nous écrivons ces lignes, les ennemis du Saint-Siége vomissent le blasphème et l'injure contre la Papauté qu'ils veulent détruire, mais le saint Vieillard du Vatican, appuyant sa faiblesse personnelle sur la puissance immortelle de l'Église qui est celle de Dieu même, tient tête à tous les orages déchaînés contre lui. Aux menaces et aux cris de mort dont il est l'objet, il répond plein de confiance et de dignité : *Non licet, non possumus*. L'exil vous attend, très-saint Père. — J'en connais le chemin, leur répond l'héroïque Pie IX, il n'est pas loin de l'abîme, où depuis dix-huit siècles, viennent s'engloutir tous les persécuteurs de l'Église et de la Papauté.

Saint-Louis-des-Français. — Il y aura bientôt trois siècles, la France, comme fille ainée de l'Eglise désira avoir au centre de l'unité catholique, à Rome, une église qui lui fut exclusivement réservée. Catherine de Médicis, reine de France, contribua pour des sommes considérables à la construction de l'édifice projeté. L'intérieur de cette église est divisé en trois nefs par des pilastres ioniques revêtus de jaspe de Sicile. Les voûtes sont toutes couvertes de ravissantes peintures de Natoire.

Dans la nef de droite, on remarque le monument sépulcral érigé en 1852 à la mémoire des vaillants soldats français qui succombèrent en 1849 en combattant sous les murs de Rome. Comme l'indique l'inscription suivante : *Aux soldats français morts sous les murs de Rome en 1849. Leurs frères d'armes du corps expéditionnaire de la Méditerannée.*

Une messe quotidienne pour le repos de leurs âmes a été fondée dans cette église par le Souverain Pontife Pie IX.

PRIONS POUR EUX.

HONNEUR ET PATRIE.

Plusieurs riches tombeaux décorent les chapelles de cette église. Ici, c'est celui du marquis de la Tour Maubourg, ambassadeur de France à Rome ; là, celui de Mme de Montmorin, érigé par M. le vicomte de Châteaubriand pendant son ambassade à Rome, l'élégante inscription appartient à l'auteur des Martyrs ; le cœur de François Annibal duc d'Estrée, ambassadeur de Louis XIII à Rome a été déposé sous le pavé de la dernière chapelle à gauche en entrant, en 1832, par les soins du comte Louis de Saint-Aulaire.

Des prêtres français font le service de cette église et chaque année on y prêche le Carême et l'Avent en langue française. Aux fêtes du

Centenaire, nous y avons entendu Mgr de Tulle et celui de Genève, pour le Triduum de sainte Germaine de Pibrac. On croit que le P. Hyacinthe y prêchera cette année le Carême.

Le Panthéon d'Agrippa. — Non loin de Saint-Louis-des-Français, on descend sur une place, l'endroit le plus bas de Rome moderne, c'est la place du Panthéon. Nous avons devant nous le monument le plus parfait de style et le mieux conservé de tous les temples payens restés debout à Rome. Agrippa, gendre d'Auguste, le fit construire en mémoire de la victoire que son beau-père avait remportée contre Antoine et Cléopâtre. Il le consacra à Cibèle, mère de tous les dieux. Peu à peu, toutes les divinités y eurent leur statue en marbre, en bronze et en argent, ce qui fit donner à ce temple le nom grec de *Panthéon,* ce qui signifie *Assemblée de tous les dieux.*

Les barbares avaient inutilement essayé de le démolir ; le temps aurait fini par le ruiner, si un pape, Boniface IV, n'eût eu l'heureuse pensée de le consacrer à tous les saints.

Sans vouloir fatiguer le lecteur par mille détails superflus, il est bon cependant de lui donner une idée générale des pays et des monuments dont on lui fait la description. D'ailleurs, quiconque veut s'instruire, aime à rencontrer des renseignements précis et exacts sur ce qu'il ne connaît pas comme sur ce qu'il connaît. Quant à espérer qu'un article ou un livre sera reçu de tout le monde avec la même bienveillance, ce serait d'abord orgueil et folie de la part de celui qui écrit, et montrer ensuite qu'il n'a pas lu le chapitre de Labruyère sur les ouvrages de l'esprit. Pour dix personnes, dit le célèbre moraliste, qui effacent d'un livre une expression ou un sentiment, l'on en fournit aisément un pareil nombre qui le réclame.

Sans doute, le seul mot de Panthéon réveille de suite de grandes pensées. Mais l'admiration grandira bien davantage, quand on connaîtra les détails principaux et importants de cet édifice colossal. Le majestueux portique est orné de seize magnifiques colonnes d'un seul bloc de granit oriental, elles ont trente-huit pieds et demi de hauteur sur quatorze de circonférence. Le diamètre de la coupole est de cent-trente-deux pieds. L'épaisseur des murs est de dix-neuf pieds. Une ouverture de vingt-six pieds de diamètre est pratiquée au sommet et laisse pénétrer la lumière, et aussi la pluie, qui tombe sur les dalles.

Le grand Raphaël a été inhumé dans cette église. En 1833, on découvrit ses ossements, qui furent soigneusement replacés dans le même endroit avec toute la pompe que méritait le célèbre artiste. Cet édifice admirable n'a rien de gracieux et d'élégant, tout y est austère, mais plein d'une imposante et majestueuse grandeur.

En quittant le Panthéon on est à quelques pas de l'église appelée *Sainte Marie sur Minerve,* à cause d'un ancien temple de cette déesse, bâti jadis au même endroit par Pompée-le-Grand après ses victoires.

Cette église appartient aux frères Prêcheurs ou Dominicains. C'est ici que le père Henri-Dominique Lacordaire, dont la renommée d'orateur catholique a été si brillante, a pris la robe de Dominicain. On rencontre à chaque pas dans cette église les peintures les plus riches et les plus estimées, la grande voûte est peinte en azur d'outremer et parsemée d'étoiles dorées ; je ne parle pas des magnifiques vitraux coloriés qui décorent les trois fenêtres de l'abside. Les fresques y sont remarquables, les ornements de tout genre entremêlés de figures d'images sacrées, y sont multipliés à l'infini, les artistes les plus célèbres ont travaillé aux décorations somptueuses de cette église qui fait aujourd'hui l'admiration de tout ceux qui la visitent.

La bibliothèque du couvent est la plus riche de toutes celles de Rome en ouvrages imprimés, comme celle du Vatican l'est en manuscrits. Elle possède cent-vingt-mille volumes. On y trouve une grande bible en parchemin, imprimée à la main avec des poinçons, genre de travail appelé chirographie, qui est l'anneau, le trait d'union entre le manuscrit et l'imprimerie.

Les Catacombes. — Il faudrait plusieurs volumes pour parler d'une manière complète des Catacombes de Rome, et je n'ai que quelques lignes à leur consacrer. Essayons cependant en quelques mots rapides, de dire ce qu'étaient les Catacombes aux premiers siècles de l'église, et ce qu'elles sont aujourd'hui.

Les Catacombes, d'après le plus grand nombre de ceux qui ont sérieusement examiné la question, n'ont pas été des carrières creusées par les païens, mais elles sont au contraire d'origine chrétienne. Et voici comment. Au temps des persécutions, les cimetières publics étaient exposés à de continuelles profanations. Les chrétiens en choisirent de secrets et de souterrains qui devaient aussi leur servir de refuge contre les poursuites de leurs ennemis, et de lieu de réunion pour les exercices de la religion. De nombreux ouvriers désignés sous le nom de fossoyeurs, *fossores*, y travaillaient continuellement. Ces ouvriers n'avaient pas seulement à tailler le tuf dans lequel on creusait les catacombes, à le réduire en poussière, à le transporter ; à eux était confié le soin de préparer les cadavres, et de les porter dans les cimetières. Ils devaient les déposer dans les tombes, fermer les sépultures avec des pierres ou des briques, ciseler les épitaphes.

Ce sont ces fossoyeurs qui ont creusé les chambres, les chapelles, les églises souterraines. Ces ouvriers formaient une véritable corporation ; parmi eux, les uns étaient chargés des travaux manuels, et les autres plus instruits donnaient le tracé des voies souterraines et dirigeaient la construction des chapelles et des églises.

On creusait ces souterrains sous les monticules de la campagne romaine autour de la ville, afin que les chrétiens tourmentés par les persécutions n'eussent pas un long trajet à faire pour transporter leurs morts. Et les cimetières établis sur les divers points de la campagne romaine correspondaient aux divisions de la ville ou il y avait des églises ou des assemblées de chrétiens.

Et pendant près de trois cents ans, bannis de la surface de la terre, les chrétiens habitèrent avec leurs morts ces retraites obscures. Mais avec eux, l'Église descendit pour les encourager, pour les consoler, et pendant que sur leur tête on vomissait le blasphème et l'injure contre Dieu, les chrétiens l'adoraient et le bénissaient en chantant ses louanges et en priant pour leurs persécuteurs. Et ces longues galeries qui allaient se croisant sous les remparts de la ville étaient comme les lignes de circonvallation, les tranchées mystérieuses d'un siège dans lequel la Rome pacifique des tombeaux et des martyrs devait triompher à jamais de la Rome orgueilleuse et turbulente des Césars païens ennemis de l'Evangile.

Aujourd'hui, les catacombes sont pour la plupart dépouillées des ornements qui les décoraient au temps où les chrétiens en avaient fait leur demeure pour échapper aux persécutions des empereurs romains. Les ossements des martyrs, et les différents objets renfermés dans leurs sépulcres ont été recueillis par l'Eglise. Le musée chrétien du Vatican est rempli de souvenirs trouvés dans ces souterrains.

Depuis longtemps l'accès de certaines catacombes a été formellement interdit par l'autorité locale dans la crainte des accidents qui pourraient y arriver. Celles qui sont restées ouvertes au public ont le plus souvent leur entrée dans l'Eglise qui fut construite au dessus quand fut passée l'ère des persécutions. C'est ce qui a lieu à St-Sébastien, à St-Agnès et à St-Laurent-hors-des-Murs ; et c'est à la visite de ces catacombes dans une très-petite partie de leur immense circuit que se borne la curiosité des voyageurs et même des antiquaires.

Nous sommes descendus dans celles de St-Calixte et de St-Sébastien qui se trouvent sur la voie Appienne. Notre visite aux catacombes de St-Calixte n'a pas été complète. Notre cicérone ne sachant nous donner aucun renseignement, aucune explication, nous nous sommes empressés de sortir pour aller visiter les catacombes de St-Sébastien qui d'ailleurs ne sont pas à un kilomètre de distance. Là, un bon religieux s'est offert pour nous accompagner dans notre pélerinage. Deux autres prêtres, une pieuse dame et ses enfants se joignirent à nous pour explorer ces silencieuses retraites. Chacun ayant à la main un cierge allumé, nous avons suivi et religieusement écouté pendant près de deux heures notre excellent guide à travers mille corridors étroits qui se croisent sous la campagne romaine.

Remarquez ici, nous disait le moine de saint François qui nous conduisait, remarquez ces peintures faites par les premiers chrétiens : C'étaient le bon pasteur, un paon, un phénix, d'autre fois des colombes ou d'autres animaux symboliques. Nous voici près du tombeau de saint Etienne, pape et martyr, on a retiré les ossements, mais la poussière qui est dans le sépulcre est encore digne de respect, nous sommes heureux qu'on veuille nous en donner un peu. Plus loin, dans le tuf, nous rencontrons bien conservées les traces d'une fiole qui contenait le sang d'un martyr, ici, un tombeau qui n'a pas été encore ouvert, tout près un corps entier qu'on n'a pas enlevé, aucune inscription ne se trouvant sur la pierre qui le recouvre. Cette enceinte circulaire où nous sommes est une chapelle ou l'on a trouvé le corps de trois papes martyrs. Voici un autel sur lequel on disait la messe. Cette ouverture est celle d'un puits creusé par les habitants des catacombes.

La chapelle où nous venons d'entrer est dite de saint Philippe de Neri, parce que ce grand saint y a dit la sainte messe pendant près de dix ans. Tout près est le tombeau en terre cuite de saint Marcel pape. Toutes ces excavations sont les tombeaux de la famille entière de sainte Félicité, martyrisée pour la foi avec ses sept enfants sous l'empereur Marc-Aurèle. C'est ici qu'on a découvert le tombeau de sainte Cécile, enterrée avec saint Valérien et saint Tiburce dans le cimetière de saint Calixte, nom commun donné aux catacombes que nous visitons et à celles que nous venons de visiter, parce qu'elles sont reliées ensemble par des voies de communication. Ce cimetière garda même pendant longtemps le nom de cimetière de sainte Cécile. Tout à côté est le tombeau du Pape Urbain I, directeur de l'illustre martyr; plus loin celui du Pape saint Maxime, et la colonne où il fut décapité. Voici une croix du temps des catacombes, et à la voûte un anneau pour suspendre la lampe qui servait à éclairer une partie de ces obscures demeures.

Et à notre tour, à plus de quarante mètre dans les entrailles de la terre, nous étions comme enterrés vivants dans ces cavernes ténébreuses où le silence et l'obscurité la plus profonde ont fait place au mouvement et à la vie mystérieuse qu'y menaient les premiers chrétiens. Grand Dieu! que de souvenirs attendrissants et capables de fortifier une âme chrétienne dans ses croyances et de la rendre fière d'appartenir à l'illustre et noble race des martyrs. C'est là qu'ils ont vécu, c'est de là qu'ils allaient soutenir la foi de Jésus-Christ devant les tribunaux de leurs persécuteurs; C'est là qu'ils revenaient pour recevoir les honneurs du triomphe et de la royauté quand les lions de l'amphitéâtre leur avaient fait de leur sang un manteau de pourpre royale et que l'ange du Seigneur avait placé sur leur front la couronne du martyre.

Voici la couche triompale où ils sont venus se reposer au milieu des ovations de leurs frères jaloux de leur bonheur. Salut, terre bénie par la présence de l'Eglise de Dieu! Echos de ces pieuses solitudes, dites-nous quelque chose des cérémonies saintes dont vous fûtes les témoins, des prières ferventes que vous avez entendues, et des cantiques divins que vous avez répétés. Ah! pourquoi ces bruits qui grondent sur nos têtes? Ce sont des cris féroces et barbares; les chrétiens aux lions, les chrétiens aux bêtes; et les bêtes du désert sont excitées; j'entends leurs rugissements, le sang coule, les chrétiens sont égorgés, la foule ivre de carnage remplit l'air de ses bravos sacrilèges, blasphème Jésus-Christ et maudit la croix.

Et pendant ces scènes pleines de cruauté, ici l'on chante les louanges de Dieu, on bénit son saint nom, on prie pour les bourreaux des soldats de Jésus-Christ, et pour tous les ennemis de la religion proscrite et persécutée. Et ce qui est faible et sans armes triomphera des chevalets et des buchers, de la hache des licteurs et de la dent meurtrière des bêtes féroces, parce que Dieu, pour apprendre aux hommes qu'il est le seul maître et souverain, choisit toujours ce qu'il y a de plus infirme et de plus rien pour triompher de ce qu'il y a de plus fort et de plus puissant. Patience donc, ô Eglise de mon Dieu, plus tes racines s'enfonceront profondes dans les entrailles de la terre, arrosées par le sang généreux de tes nobles enfants, plus robuste sera ton tronc, plus vigoureuses tes branches, et aussi plus de peuples viendront s'abriter sous ton salutaire ombrage. Patience et courage, épouse du divin crucifié, un jour viendra où un échange de tes catacombes humides et obscures tu auras pour demeure de splendides palais de marbre qu'on appellera la cathédrale de Milan, et saint Pierre de Rome.

Nous sommes sortis de ces immenses cryptes, par l'escalier qui y conduisait les premiers chrétiens. Les marches sont en marbre et n'ont pas été renouvelées. De quelles émotions profondes n'étions-nous pas saisi, au souvenir des chrétiens sans nombre qui avaient gravi joyeusement ces mêmes marches, pour voler à la mort glorieuse du martyre, et aussi en pensant combien de pèlerins, avant nous, avaient suivi ce même chemin, le cœur touché et attendri par le pèlerinage qu'ils venaient d'accomplir.

Dans la basilique de saint Sébastien, on nous a montré la véritable empreinte du pied de Notre Seigneur, quand il s'arrêta sur la voie Appienne, interrogé par saint Pierre qui, fuyant Rome, lui dit : *Domine quo vadis*. Saint Sébastien, on le sait, fut percé de flèches pour la foi de Jésus-Christ. On conserve dans la basilique dédiée à ce saint, une des flèches qui ont servi à son supplice et un morceau de la colonne où il fut attaché pour subir le martyre. On montre aussi un morceau du bras de saint André.

Dans une crypte latérale, on nous a fait voir l'endroit où furent découverts les corps de saint Pierre et de saint Paul, d'après la révélation qu'en firent les sept frères dormeurs. Cette crypte possède l'autel où saint Étienne pape et martyr disait la sainte messe. La chaire où il prêchait a été transportée à Pise. C'est là qu'il fut décapité. Voici, d'après la tradition, la table sur laquelle mangeaient saint Pierre et saint Paul. Cet immense crucifix en bois a été trouvé dans la chapelle où saint Philippe de Néri disait la messe ; on raconte même qu'il a parlé à ce saint.

En sortant de la basilique de saint Sébastien, on voit, à droite sur la voie Appienne, à deux kilomètres, une immense tour, qui de loin, ressemble beaucoup dans sa forme, à la tour de Vésonne, c'est le fameux tombeau de Cécilia Metella, le plus beau monument sépulcral et le mieux conservé que l'on rencontre sur la voie Appienne qui en renferme un grand nombre. Mais le temps consacré à visiter les catacombes ne nous permet pas d'aller examiner en detail ce magnifique monument, obligés que nous sommes de compter sur nos jambes, pour regagner notre palais Borghèse.

En revenant à Rome, nous sommes entrés dans l'église de *Domine quo vadis*, nom qui lui est venu de la pieuse tradition, qui raconte que saint Pierre en se sauvant de la prison Mamertine, rencontra son divin Maître et lui fit cette demande : *Domine quo vadis?* Jésus-Christ lui répondit, *venio Romam, iterum crucifigi*, je viens à Rome pour y être crucifié de nouveau. Saint Pierre comprit la leçon de son Maître, et revint à Rome dans sa prison. Nous étions trop près de la Porte Latine, pour ne pas aller voir l'endroit, où saint Jean fut plongé dans une chaudière d'huile bouillante qui se changea, pour le saint Vieillard, en un bain rafraîchissant. L'empereur Domitien fut irrité par ce miracle, et il exila saint Jean dans l'île de Pathmos, où il écrivit son Apocalypse. Nerva, homme pacifique, ayant succédé à Domitien, Jean put revenir à Éphèse, où il resta jusqu'à sa mort, qui arriva cent ans après Jésus-Christ. Nous sommes entrés dans la chapelle bâtie sur le lieu du miracle, mais à notre grand regret, nous n'avons pas rencontré la chaudière, qui a été enlevée dans les guerres du premier empire.

Le Vatican. — C'était dans la soirée du vingt-cinq juin, le souverain Pontife avait fait annoncer, qu'il adresserait une allocution aux prêtres arrivés à Rome pour le Centenaire. Beaucoup ne le surent pas, et un grand nombre n'étaient pas encore arrivés. Nous nous trouvâmes cependant près de dix mille prêtres présents à cette audience solennelle. C'était pour la première fois que nous entrions au Vatican, et longtemps nous garderons le souvenir de la chaleur tropicale que nous y avons ressentie, et des dangers que plusieurs fois nous avons couru d'être étouffés, tant la foule était compacte, et chacun, désireux d'arriver assez tôt pour ne rien perdre de l'audience promise. Quand le Pape a paru pour aller prendre place sur son trône élevé sous un riche baldaquin, mille fois on a répété, chacun dans sa langue, mais tous dans le même amour et le même dévouement : Vive, vive à jamais Pie IX, pontife et Roi. Et le grand Pape, visiblement ému de toutes ces ovations filiales, a prononcé d'une voix sonore et bien accentuée, son allocution toute parsemée des conseils les plus graves et en même temps les plus paternels. Malgré les grandes questions qui préoccupent son esprit, dans ces temps de persécution contre l'Église et la papauté, son cœur n'a pas oublié de recommander l'instruction des petits enfants et la visite des malades. Quelle sollicitude universelle, quelle immense charité ! Et quand le choléra viendra s'abattre sur Rome, pour y porter la désolation et la mort au milieu des chaleurs les plus accablantes, Pie IX supprimera son séjour habituel pendant l'été dans ses maisons de campagne, et il restera au milieu de son peuple pour l'encourager et le bénir. Et quand ses zouaves intrépides, ou d'autres soldats appartenant aux différentes légions qui le servent, seront tombés blessés en défendant son drapeau contre des bandes d'insurgés, Pie IX viendra lui-même dans les hôpitaux leur apporter des paroles de consolation et de remerciement. Ah! que son grand cœur doit souffrir de voir se lever contre lui des mains chargées encore de ses grâces et de ses bienfaits!

Le Vatican est un immense édifice qu'on peut regarder comme une réunion de plusieurs palais bâtis à différentes époques, et renfermant les productions des plus célèbres architectes, tels que Bramante, Raphaël, Charles Maderne et le Bernin. Il communique à la basilique de saint Pierre. Ce fut dans ce palais qu'habita Charlemagne, lorsqu'il vint à Rome se faire couronner empereur par le pape saint Léon III. Le Vatican est à trois étages qui renferment une infinité de grandes salles, de galeries, de grandes chapelles, d'immenses corridors, une magnifique bibliothèque, un musée immense et un très-beau jardin; et en outre vingt cours, huit grands escaliers, et environ deux cents autres escaliers pour le service intérieur. On prétend qu'il contient onze mille chambres.

On ne serait pas excusable, si en cherchant à voir toutes les magnifiques curiosités du Vatican, on oubliait de visiter les chambres de Raphaël, où accourent en foule tous les amateurs des beaux-arts; aussi, pour ne pas nous exposer à un pareil oubli, nous nous empressons de leur donner les prémices de notre admiration.

Ces chambres ont été peintes par l'immortel Raphaël et par ses meilleurs élèves. Quoique toutes ces fresques merveilleuses méritent les plus grands éloges, réservez cependant votre attention pour la dispute sur le saint Sacrement, la victoire de Constantin sur Maxence et le couronnement de Charlemagne.

Les Musées. — Nous avons employé plusieurs jours à visiter les musées du Vatican pour ne pas nous exposer à confondre les chefs-d'œuvre offerts à notre curiosité, et encore nous n'avons pas tout vu, et surtout nous avons beaucoup oublié. Signalons cependant en courant, ce qui nous a le plus frappés pour en conserver plus longtemps le souvenir.

Dans la galerie des tableaux, nous nous sommes arrêtés, saisis d'étonnement et d'admiration, devant le plus merveilleux tableau qui soit au monde, le chef-d'œuvre de la peinture moderne : *La transfiguration de Notre Seigneur sur le Tabor*, qui fut le dernier ouvrage du divin Raphaël, mort à l'âge de 37 ans. Il faut remarquer aussi *la Vierge dite de Foligno*. Raphaël n'avait que 27 ans quand il fit cet ouvrage si remarquable par son coloris. Admirez dans la *communion de saint Jérôme*, le chef-d'œuvre du Dominiquin, le seul tableau, peut-être qu'on pourrait, dit-on, comparer aux œuvres de Raphaël.

Une des toiles remarquables de la galerie est encore le *Jésus porté au tombeau*, du Caravage, c'est d'ailleurs le meilleur ouvrage de ce grand peintre. *Le crucifiement de saint Pierre* est une belle peinture du Guide, et mérite d'être signalée à l'attention du visiteur. Il ne faut pas oublier d'aller voir dans la chapelle Sixtine, les fresques magnifiques de la voûte où Michel-Ange a représenté la création du monde, et celles plus admirables encore au-dessus de l'autel où par ordre de Paul II, le célèbre artiste a exécuté le jugement dernier, si universellement admiré par les connaisseurs. Dans la chapelle Pauline, érigée par Paul II, on montre encore deux fresques de Michel-Ange.

Le corridor qui est consacré aux inscriptions anciennes contient dans le mur à droite celles qui regardent les païens, et dans le mur à gauche on trouve celles des chrétiens, tirées pour la plupart des catacombes. Les symboles qui accompagnent ces inscriptions sont ordinairement la vigne, le poisson, l'arche de Noé, la colombe, le bon pasteur.

Nous ne parlerons pas de la bibliothèque du Vatican, dont l'entrée se trouve dans le corridor. Nous avons eu plusieurs fois la mauvaise fortune de nous trouver au Vatican les jours où elle était fermée, et quand elle était ouverte, nous y avons toujours rencontré une foule si compacte qu'il fallait attendre plusieurs heures pour pouvoir entrer. Notre temps étant très-court, nous avons dû renoncer à cette visite, avec d'autant plus de regret que tous ceux qui ont parcouru les salles immenses de cette bibliothèque ne tarissent pas d'admiration sur les merveilles qui y sont renfermées.

Peu après la porte de la bibliothèque, une grille en fer partage le corridor et l'on entre dans le Musée Chiaramonti où Pie VII a formé une riche collection de sculptures anciennes. Cette galerie remarquable sert d'entrée à tous les musées du Vatican; avant de la suivre nous sommes attirés à gauche par deux colonnes de granit qui nous invitent à pénétrer dans une immense et somptueuse galerie, une des plus riches du Vatican. Elle a 210 pieds de long sur 24 de large, et n'a pas coûté moins de deux millions cinq cent mille francs. Les colonnes, les bas-relief, les marbres et les mosaïques y luttent de magnificence et de splendeur. Nous n'oublierons pas cette superbe galerie en nous rappelant que nous y avons vu la belle statue de la pudeur, avec sa fine draperie qui la voile entièrement d'une manière aussi élégante que naturelle, et la célèbre statue colossale du Nil, représenté couché avec ses seize enfants qui jouent autour de lui, symboles des seize coudées de sa crue si féconde. C'est encore dans le milieu de cette salle que nous avons vu un vase superbe en basalte noir si riche en ciselures parfaites et en décorations du plus grand mérite, et dans le fond la surprenante statue d'un lutteur qui avec une étrille se racle les membres pour en enlever la sueur; quelle pose naturelle, comme les muscles et les veines ressortent sous l'action de l'ardeur dont paraît animée la statue, regardée avec, raison, comme un chef-d'œuvre de sculpture.

En revenant dans le corridor Chiaramonti, nous l'avons suivi jusqu'à l'escalier qui conduit au Musée Pio-Clementino. A gauche et à droite des bas-reliefs, des bustes et des statues en tout genre, appartenant à la mythologie ou à l'histoire payenne, attirent l'attention du visiteur.

Après avoir franchi l'escalier, nous nous sommes trouvés dans le vestibule carré où nous voyons encore au milieu le fameux fragment de sculpture grecque connu sous le nom de *Torse du Belvédère*. Il fit partie d'une statue colossale d'Hercule en repos. Une superbe tasse en marbre violet décore le centre du vestibule suivant qui s'ouvre sur un balcon d'où l'on jouit d'un des plus beaux points de vue de Rome et de ses environs, c'est ce qui a fait donner le nom de Belvédère à cette partie du Vatican.

De ce vestibule nous sommes entrés dans la chambre du Méléagre, ainsi appelée de la superbe statue de Méléagre qui en forme le principal ornement. Le Portique de la cour que nous visitons ensuite fut construit par les ordres de Benoît XIV. Soutenu par seize colonnes de granit, il environne une cour octogone et est divisé en quatre cabinets qui renferment tout ce que la sculpture antique nous a laissé de plus remarquable, avec quelques ouvrages du célèbre Canova. C'est ainsi que dans le premier cabinet nous avons été fortement impressionnés à la vue de deux pugilateurs de cet illustre maître. Les lignes de leur visage peignent admirablement la rage et la fureur de ces deux hommes dont l'attitude et les bras disposés pour la lutte annoncent au naturel les coups qu'ils veulent parer et ceux qu'ils veulent donner.

Mais que dire au troisième cabinet en présence du fameux groupe de Laocoon, rendant le dernier soupir avec ses deux enfants, sous les étreintes et les morsures mortelles de deux horribles serpents. Il faut renoncer à rendre son admiration et son étonnement pour ne pas rester au-dessous des éloges mérités par ce chef-d'œuvre sublime de la sculpture antique. Si le poète de Mantoue revenait d'outre-tombe, il serait glorieux et fier d'avoir inspiré un si heureux et si habile interprète de ses beaux vers. Les anneaux des monstres enroulés autour des membres qui se tordent et des mains qui se crispent, des bras qui cherchent à éviter les morsures ou à éviter les liens qui les pressent, des visages contractés par mille atroces douleurs et déjà voilés par les approche de la mort, deux enfants mordus et étouffés entre les bras d'un père impuissant à les sauver, et qui lui-même, expire dans les contorsions de la souffrance et du désespoir, frappé par le dard des deux monstres, voilà un de ces tableaux qui reste toujours vivant au souvenir de celui qui l'a vu.

Quant à l'*Apollon du Belvédère* que nous avons admiré au quatrième cabinet, il suffit de le nommer pour dire que le Vatican possède la statue la plus remarquable qu'ait produite la sculpture grecque.

Dans le salle des animaux nous avons eu à remarquer de magnifiques sujets, parmi lesquels nous devons signaler le superbe groupe en marbre blanc qui représente un lion furieux dévorant un cheval mourant, Hercule traînant le lion de Némée qu'il vient de terrasser, un beau cerf en albâtre fleuri, un grand lion en marbre gris tenant une tête de veau entre ses griffes.

En traversant plusieurs salles que le temps ne nous permettait pas de visiter en détail, nous avons rencontré au milieu de la salle ronde, s'élevant sur quatre pieds de bronze doré, un merveilleux bassin de porphyre rouge, taillé dans un seul bloc et mesurant trente mètre de circonférence, dans une autre d'immenses baignoires en granit blanc et noir ayant servi dit-on à l'empereur Auguste, et la superbe statue de Cléopâtre couchée sur un soubassement dont le bas-relief représente la guerre des géants contre les Dieux. Ailleurs nous avons trouvé un magnifique char antique de marbre blanc attelé de deux chevaux de même marbre au milieu d'une rotonde richement décorée, plus loin le grand sarcophage de porphyre rouge qui renfermait jadis les cendres de Sainte-Hélène, mère de Constantin.

Nous avons terminé notre visite aux Musées du Vatican par le musée Egyptien. Ce sont d'abord des sarcophages en basalte avec des hiéroglyphes tout autour, et puis de colossales statues en granit noir, chargées d'hiéroglyphes et représentant tantôt des divinités, tantôt quelque membre de la dynastie des Pharaons. C'est là qu'on peut voir tous les soins que prenaient les Egyptiens quand ils voulaient conserver leurs morts, en visitant la salle des momies. Plusieurs caisses mortuaires couvertes d'hiéroglyphes ne sont pas encore ouvertes. Quelques-unes le sont, mais dans des vitrines qui nous ont permis de voir le système de bandelettes employé pour envelopper les cadavres. Une de ces momies dont on avait un peu découvert la figure nous a offert après plus de deux mille ans une chair parcheminée et quelques dents dans les machoires. Tout à côté est la chambre où l'on conserve des papyrus dont les caractères antiques ont dû exercer la patience des savants pour les déchiffrer, et puis enfin mille petits objets en pierre, en bronze et en bois, dont la plupart semblent avoir reçu les honneurs d'un culte superstitieux dans un pays où tout, jusqu'à l'écriture, respirait le mystère.

Les Fêtes du Centenaire. — A l'occasion du dix-huitième Centenaire de la mort de l'humble pêcheur de Galilée, Saint-Pierre, et du Docteur des nations, saint Paul, le souverain Pontife Pie IX a invité tous les évêques, les prêtres et les fidèles du monde chrétien pour venir prier sur le tombeau du Prince des Apôtres, et pour assister à la canonisation de vingt cinq bienheureux. Et voici que sur la simple invitation du chef de l'Eglise, on s'est empressé d'accourir de tous les points de l'univers pour retremper sa foi au centre de l'unité catholique, et pour voir Pierre dans l'auguste personne du saint et immortel Pie IX.

Quel mouvement chrétien, quelle pieuse agitation offrait la ville Eternelle sillonnée dans tous les sens par les innombrables pèlerins de tous les pays du monde, surtout la veille du Centenaire, où tout le monde s'empressait d'aller voir les derniers préparatifs de la Basilique de Saint-Pierre. Vers le soir les cloches ébranlées et le grondement du canon faisaient tressaillir tous les cœurs dans l'attente du grand jour. Aux approches de la nuit l'immense place de Saint Pierre se couvrit de population. Une ravissante musique y charmait les oreilles pendant que les yeux étaient éblouis, fascinés par la merveilleuse et féerique illumination de la coupole de Saint-Pierre.

Le vingt-neuf, au lever du soleil, le canon du château Saint-Ange annonce de sa voix de tonnerre les imposantes solennités de la journée, de concert avec les joyeux carillons de toutes les cloches de Rome. Tout le monde veut voir, tout le monde veut entendre, aussi dès les six heures du matin, la foule se porte en masse, soit sur la place, soit dans la basilique de Saint-Pierre. A sept heures et demie la procession sort par la porte du Vatican, fait le tour des deux portiques en traversant la place et arrive dans la basilique pendant que le chapitre de Saint-Pierre vient à la porte de l'Église recevoir le pape au chant du *Tu es Petrus*.

La procession était formée par les ordres religieux, tous les curés de Rome et les différents chapitres de la ville Éternelle. Venaient ensuite les cinq cents évêques en mitre blanche et un cierge à la main, ceux de l'Orient en mitre d'or dont plusieurs avaient la forme d'un diadème royal enrichi de pierreries. A la suite des évêques, les patriarches et les cardinaux, et les magnifiques étendarts des Bienheureux qui devaient être canonisés. Et puis enfin, conduisant tout cet imposant cortége, le Pape porté sur son siége pontifical et entouré par la Garde Noble et Suisse.

Il semble que chaque pèlerin ne vienne à Rome que pour le Pape, le peuple romain lui-même, habitué à le voir souvent, ne paraît préoccupé que d'une chose dans les réunions et dans les cérémonies publiques, voir le Pape. C'est ce qui m'explique comment, pendant deux longues heures, sous un soleil brûlant, tous les regards s'arrêtaient à peine sur le défilé de la procession pour se porter à chaque instant du côté d'où l'on pouvait apercevoir le Pape. Et sitôt qu'on l'avait entrevu la joie illuminait tous les fronts, tous les cœurs tressaillaient d'aise et d'émotion, toutes les bouches répétaient avec bonheur, *ecco Papa*, voici le Pape, et sans plus s'occuper des magnificences de la procession, chacun attachait son regard avide sur le siége pontifical et attendait impatient, de pouvoir envoyer à son Père le cri filial de son cœur, le vivat de son dévouement catholique.

Voici le Pape! La première majesté de la terre. Quelle figure virginale pleine de douceur et de bonté. La préoccupation des graves questions du moment tempère à peine le reflet céleste qui transfigure la tête de ce beau Vieillard. Ses mains presque toujours jointes pour la prière se lèvent souvent pour bénir, et alors les têtes s'inclinent, les mouchoirs s'agitent et mille cris d'enthousiasme répondent dans toutes les langues à la bénédiction du saint Pontife. Et tout le monde est obligé de subir l'émotion secrète que la vue de ce majestueux vieillard excite dans les cœurs.

Un autre genre de surprise nous attend dans la Basilique de Saint-Pierre. Des guirlandes de lumière courent dans l'entablement des piliers et éclairent de magnifiques lettres bleues sur un fond, imitation mosaïque en or, ce sont les principales paroles adressées à saint Pierre par Jésus-Christ, et qui relient ainsi harmonieusement le *Tu es Petrus* de la coupole aux décorations de la grande nef.

Une grande partie de l'illumination, qui ne compte pas moins de quarante mille cierges, est formée par des lampadaires ou immenses lustres qui suivent les courbes des arcs au nombre de vingt dans chacun des arcs. Ils y brillent avec le plus vif éclat formant une couronne lumineuse autour de chaque étendard qui représente le principal miracle d'un des bienheureux qu'on va canoniser. Du milieu de la voûte de la grande nef, descend pleine de lumière, la croix de saint Pierre, surmontée des clefs et de la tiare. Le tout est formé par un nombre immense de prismes cristallins qui multiplient l'éclat des cierges mêlés à cette décoration.

Dans l'abside, une immense gloire triangulaire projette ses rayons lumineux dans l'obscurité du chœur où l'imposant baldaquin de bronze se détache parfaitement au milieu du torrent de lumière qui inonde la Basilique, sans d'autres ornements que ceux qui le décorent toujours.

Ajoutez à tout cela des galons d'or chamarrés en rouge qui couvrent les liteaux des pilastres, et des festons de fleurs qui décorent les chapiteaux. La surface intérieure des nichess est couverte de draps rouges, chamarrés de galons d'or pour faire mieux ressortir les statues tout illuminées par les girandoles qui brûlent devant elles. Des quatorze grands arcs de la grande nef et de la nef transversale pend un riche pavillon en soie rouge à double draperie brodée d'étoiles dorées et enrichi de franges et de bandelettes en galon d'or. Imaginez cent mille personnes au milieu de toutes ces riches et somptueuses décorations merveilleusement harmonisées avec les peintures, les bronzes, les marbres et toutes les autres richesses que possède la Basilique, cinq cents évêques et le Pape présidant une cérémonie sous des flots d'harmonie et de lumière, et vous aurez une idée bien imparfaite encore de ce qu'était Saint-Pierre au jour du Centenaire.

Il n'appartient pas, en effet, à la parole humaine de rendre le saisissement qui s'empara de l'assemblée lorsque le souverain Pontife, après avoir prononcé le décret de canonisation, entonna, en se levant, le *Te Deum* d'actions de grâces auquel les fanfares et les roulements du tambour répondirent dans la basilique, et, au dehors, le joyeux carillon des cloches et les salves d'artillerie. Comment redire aussi ce moment solennel où l'Église, dispersée et parlant des langues ignorées de la plupart, se trouve tout à coup réunie dans un même langage compris de tout le monde, dans le chant solennel du *Credo* catholique que les évêques et les fidèles répètent à la suite du Pontife suprême. Et puis, l'Église merveilleusement symbolisée dans ses trois états de lutte, de souffrance et de gloire, par trois chœurs dont les ravissantes harmonies tenaient sous le charme l'immense assemblée au milieu du plus profond silence. C'était, près de l'autel, l'Église militante qui, dans un chœur de deux cents puissantes voix, chantait en mâles et vigoureux accents ses luttes et ses glorieux combats. L'Église souffrante du purgatoire avait, dans une tribune au fond de la Basilique, un chœur nourri de voix les plus douces et les plus sympathiques pour redire en notes plaintives, mêlées d'espérance, ses souffrances et ses douleurs. Et dans les hauteurs aériennes de la coupole de Michel-Ange, l'Église triomphante, par le chœur angélique de deux cents enfants, envoyait à ses deux sœurs comme les échos lointains de ses ovations célestes et de ses joyeux concerts. Et ces trois chœurs, dans leurs chants dialogués célébraient la pierre inébranlable sur laquelle est fondée l'Église, *tu es Petrus*, « tu es Pierre, et sur cette pierre je bâtirai mon Église, et les portes de l'enfer ne prévaudront pas contre elle. »

Les fêtes de cette mémorable journée furent couronnées le soir par l'immense et surprenant feu d'artifice tiré sur le Pincio et par l'illumination des principales rues de Rome, et, en particulier, de celle du Corso, où chaque bec de gaz multipliait sa lumière en suivant les contours de spirales coniques. Il me serait difficile d'évaluer la population qui se trouvait agglomérée sur la place du Peuple, mais ce qui est aisé à dire, c'est que sur tous les points de cette belle place tout le monde se trouvait fort gêné dans ses moindres mouvements. Je dois dire à la louange du peuple de Rome, que nous avons été heureusement impressionnés, en voyant le calme et la tranquillité qui n'a cessé de régner au milieu de cette immense multitude. Point de tumulte, point de cris, chacun attend patiemment sans se plaindre. Tout à coup, près de nous on annonce l'arrivée de l'ex-roi de Naples et de sa suite, quatre ou cinq voitures, ont peine à se frayer passage à travers la foule, on se trouve un moment de plus en plus pressé, étouffé, eh bien ! j'affirme n'avoir pas entendu une plainte, une réclamation, un murmure contre les malheureux exilés ; le peuple romain, livré à lui-même, n'est ni tapageur ni tracassier.

Le sujet principal du feu d'artifice, était les cinq parties du monde, représentées chacune par un symbole venant rendre leurs hommages à la ville de Rome. Et une immense inscription portait ces paroles en latin : *Rome n'a d'autres limites que celles de l'univers*. Au signal convenu, le Pincio parut tout en feu, laissant parfaitement ressortir les symboles des cinq parties du monde. C'était si beau et si plein d'actualité, que nous pensions qu'on avait voulu déployer dans une seule représentation toutes les magnificences d'un feu d'artifice, mais bientôt nous vîmes succéder des merveilles à des merveilles. Tout à coup la magnifique promenade du Pincio fut illuminée aux feux de Bengale, dont les couleurs changèrent plusieurs fois, et puis on entendit comme le bombardement d'une ville, et nous assistâmes à son incendie dont les sinistres lueurs, à travers la fumée, éclairaient toute la place. Impossible de dire toutes les surprises agréables que nous causait, à chaque instant, quelque nouvelle pièce toujours plus belle que celle qui la précédait. Nous étions tous comme dans un extase d'étonnement et d'admiration.

Le Pincio est la plus belle promenade de Rome, de l'esplanade on jouit d'un magnifique coup d'œil sur Rome et ses environs. L'air y est, je crois, plus pur que dans toute autre partie de la ville, nous y sommes allés plusieurs fois le soir nous reposer des fatigues de la journée. Cette promenade domine d'un côté la place del Popolo et de l'autre la grande et délicieuse villa Borghèse, qui s'étend jusque sous les remparts. C'est dans cette ville que le lendemain de la fête de saint Paul, le Prince propriétaire a donné au peuple, à ses frais, des amusements publics avec courses de bagues, ballon et musique.

Le lendemain de la fête de saint Paul, nous sommes allés visiter avant la cérémonie, l'Eglise de Saint-Paul aux trois fontaines, construite dans l'endroit appelé par les premiers chrétiens *ad Aquas Salvias*, sur le lieu même où saint Paul fut décapité hors de Rome, comme étant citoyen romain. Dans cette Eglise nous avons vu les trois sources d'eau qui jaillirent miraculeusement sous les trois bonds que fit la tête du grand et saint Apôtre, et la colonne en marbre blanc à laquelle on croit que saint Paul fut attaché avant son martyre.

Notre pieuse visite achevée, nous sommes redescendus en toute hâte vers la Basilique de Saint-Paul où le souverain Pontife devait présider les cérémonies. Signalons en passant le déjeuner rustique et frugal que nous fîmes dans un restaurant de campagne, c'est un détail de peu d'importance, mais qui rapelle à nos souvenirs comment, pressés par la faim, nous faisions quelquefois de curieuses rencontres, en fait de *Trattoria*; un matin nous tombions dans la *Fontaine de Bacchus*, un soir nous nous faisions servir au restaurant de l'Ormeau un peu trop à la mode des Cincinnatus, une autre fois nous assistions pendant notre repas à la scène du macaroni dans le chapeau, ou à celle du potage omnibus comme à Lorette.

La Basilique de Saint-Paul était enrichie de majestueuses décorations et brillait dans tout l'éclat de ses marbres précieux sous une splendide illumination qui peut-être éblouissait beaucoup plus les yeux que celles de saint Pierre, à cause des marbres qui multipliaient la lumière comme de véritables glaces. A saint Paul comme à Saint-Jean-de-Latran nous avons assisté au magnifique défilé des somptueux équipages de la cour romaine et d'autres grands corps de l'Etat; du sable doré répandu depuis le Vatican jusqu'à Saint-Paul, indiquait par où le cortège pontifical devait passer. Là encore, plusieurs fois nous avons vu le souverain Pontife de très-près, et avons été témoins des ovations sympathiques dont il a été objet, au milieu d'une multitude toujours impatiente, de le revoir après l'avoir déjà vu.

En reprenant le chemin de Rome peu après avoir quitté la Basilique, on rencontre sur la droite une petite chapelle que la tradition croit avoir été bâtie sur l'endroit où saint Pierre et saint Paul se firent leurs adieux pour aller subir chacun le genre de martyre qu'on lui réservait. A la porte de Saint-Paul on remarque enclavée dans le rempart une pyramide quadrangulaire qui sert de tombeau à Caius Cestius. Cette grande masse est revêtue de marbre blanc, et n'a pas moins de vingt-cinq pieds d'épaisseur dans tous les sens.

Peu avant d'arriver sur la place *Bocca della Verita*, je rencontrai une magnifique maison qu'on m'a dit appartenir à un couvent de religieuses de St-Vincent de Paul. A toutes les décorations gracieuses, répandues sur la façade de l'établissement, les sœurs avaient eu l'heureuse et délicate attention d'ajouter une quarantaine de médaillons qui chacun avait pour inscription quelques paroles tirées des pères et des conciles, et se rapportant toutes au souverain Pontife. Voici d'ailleurs une copie fidèle de ces inscriptions qui forment comme un corps de doctrine sur le souverain Pontife.

Rex incomparabilis.
Rex pacificus.
Caput omnium Ecclesiarum.
Ecclesiæ Firmamentum.
Os Christi.
Christianorum dux et magister.
Vinculum unitatis.
Episcoporum refugium.
Fons apostolicus.
Hæres apostolorum.
Caput orbis Ecclesiæ.
Summus Pontifex princeps Apostolorum.
Apostolico culmine sublimatus.
Christi vicarius et fratrum confirmator.
Janitor cœli.
Claviger domus Domini.
Qui credit in eum non confundetur.

Si quid patimini propter justitiam, beati.
Sacerdos magnus portus fidei.
Pastor pastorum ommium.
In plenitudine potestatis vocatus.
Caput orbis et mundi religionis.
Caput pastoralis honoris.
Summus omnium præsulum pontifex.
Orbis terrarum magister.
Sacerdotii sublime fastigium.
Unctione Christus.
Judicatu Samuel.
Dignitate Aaron.
Auctoritate Moyses.
Ordine Melchisedech.
Patriarchatu Abraham.
Primatu Abel.
Universalis Patriarcha.
Pater Patrum.

St-Pierre in Montorio. — Le lendemain de la fête de St-Paul, nous sommes allés visiter le mont Janicule sur la rive droite du Tibre. Ce mont s'appelle *Montorio* par corruption de *Monte d'Oro*, à cause des sables jaunes dont il est formé en grande partie.

Pour arriver au Janicule nous avons traversé le quartier du Transtevére. Au sommet de la colline on a construit l'église de St-Pierre in Montorio sur l'emplacement où la tradition croit que l'apôtre St-Pierre subit le martyre. Au milieu du cloître du couvent qui touche l'église, on remarque un petit monument de forme ronde dont la chapelle souterraine est magnifiquement ornée. C'est là que nous avons vu le trou où aurait été plantée la croix de St-Pierre.

Le couvent et l'église furent endommagés par le feu des batteries du siège dans les opérations militaires de la Porte St-Pancrace en 1849. En sortant de l'église et en prenant la rue à droite nous sommes arrivés en présence de la fontaine Pauline, la plus grande et la plus abondante qui soit à Rome. Paul V la fit faire en 1612. Entre six colonnes de granit rouge s'ouvrent cinq niches, deux petites et trois fort grandes, de ces dernières sortent trois torrents impétueux qui vont se jeter à grand bruit dans un immense bassin de marbre, et de là s'échappent par différents canaux pour le service de plusieurs manufactures et vont alimenter les deux immenses fontaines de la place de St-Pierre.

Porte St-Pancrace. — C'est à cette porte qu'en 1849 l'armée française fut victime d'un atroce guet-apens. Le commandant Picard s'étant approché jusqu'à la porte en poussant devant lui quelques tirailleurs romains, entendit tout à coup dans Rome des fanfares et des chants, entre autres la *Marseillaise* en français. Croyant, ainsi que ses hommes, la ville prise, il envoie vers les assiégés un officier et un prisonnier qui sont reçus avec beaucoup d'amitié. Le commandant Picard descend de cheval, va voir par lui-même; il est fêté comme son officier, *siamo amici, siamo fratelli,* crie-t-on de toute part, *la pace! la pace!* Le digne commandant revient vers les siens et leur déclare que la ville est prise, de ne faire aucun mouvement et d'attendre son retour. Mais à peine est-il rentré dans Rome plein de confiance, que les traîtres le font prisonnier et le conduisent au château St-Ange. Alors nos soldats, furieux, se voyant trompés, veulent se venger; un combat horrible s'engage, inutiles efforts, l'ennemi est partout. Et depuis une heure jusqu'à sept heures du soir les Français jonchent le sol de cadavres, une pluie de mitraille ne cesse de tomber du haut des remparts sur nos bataillons obligés de battre en retraite ; fatale journée ! fatale erreur !

Nous avons vu près de la Villa Pamphily, plusieurs maisons ruinées par les coups de canons, des murailles écroulées par le feu des batteries. La villa pamphily, qui appartient aujourd'hui à la famille Doria, est la plus vaste et la plus agréable des environs de Rome, mais dans quel état l'avaient mise les bandes de Garibaldi en 1849 ! Le prince Doria l'a restaurée, et elle présente encore aux visiteurs de larges allées bien ombragées, des bosquets, des jardins, de charmantes fontaines, un beau lac, avec des chutes d'eau, et un hémicycle orné de petites fontaines, de statues et de bas-reliefs antiques. Dans une des allées qui longe la façade du palais, se trouve le tombeau dans lequel le prince Philippe André Doria fit déposer les ossements des vaillants soldats français qui moururent dans cette villa pendant le siége de Rome en 1849.

L'église de St-Pancrace, qui est voisine de cette villa, possède les catacombes de Calépodius; c'est un des cimetières les plus célèbres dans l'histoire ecclésiastique et dans les actes des martyrs. Craignant la trop grande fraîcheur de ces souterrains, nous ne les avons point visités. C'est dans cette église qu'Innocent III couronna Pierre, roi d'Arragon, et que Jean XXII reçut Louis roi de Naples.

Saint Pierre in Vincoli. — Cette église fut bâtie en 442 par les ordres d'Eudoxie, femme de Valentinien III, empereur d'Occident, pour conserver les chaînes avec lesquelles Hérode avait fait attacher l'apôtre saint Pierre dans la prison de Jérusalem. Les trois nefs de cette belle église sont divisées par vingt-quatre colonnes cannelées de marbre grec, de sept pieds de circonférence. Les chaînes de saint Pierre, qui sont le principal objet de la vénération publique, dans cette église, sont conservées dans un magnifique tabernacle doré. Un religieux est chargé de les faire embrasser aux pèlerins, et de les leur mettre au cou. Après avoir vénéré ces précieuses reliques, nous sommes allés admirer le fameux tombeau du pape Jules II. C'est une des quatre façades du mausolée que Michel-Ange avait commencé pour ce pape. Paul III en commanda la diminution. La statue de Moïse que l'on voit au milieu est l'œuvre immortelle de Michel-Ange. La sculpture moderne n'a rien fait de mieux. Moïse vient de descendre de la montagne avec les tables de la loi sur son bras droit, et il regarde fièrement le peuple prévaricateur. Il y a tant d'expression naturelle dans cette figure pleine d'une noble indignation qu'on est tenté d'écouter les reproches sanglants qui vont proférer ces lèvres gonflées par une sainte colère.

La tradition raconte que saint Pierre arrivant à Rome logea longtemps dans la maison du sénateur romain Pudens qui fut le premier converti à la foi catholique avec ses fils et ses filles Prudentienne et Praxède. Le pape saint Pie 1er, transforma en oratoire la maison du sénateur Pudens, en souvenir du séjour qu'y avait fait saint Pierre. Cet oratoire devint une église sous le nom de Sainte-Pudentienne. Là nous avons vu un des autels sur lesquels saint Pierre a dit la sainte messe, et dans une chapelle l'empreinte d'une hostie échappée aux mains de saint Pierre. On montre encore dans la nef de gauche une partie du pavé de la maison de Pudens, et un puits dans lequel sa fille Pudentienne avait déposé des éponges imbibées du sang de plus de trois mille martyrs enterrés sous cette église.

De la place *del Popolo*, partent les trois plus belles rues de Rome, celle à droite nommée *Ripetta*, longe le Tibre et se termine à saint Louis des Français ; celle à gauche, appelée *del Babuino* passe par la place d'Espagne et conduit vers le mont Quirinal. Celle du milieu est la magnifique rue du *Corso*.

Le Corso. — C'est la principale rue de Rome, elle va en droite ligne jusqu'au pied du Capitole. Dans son parcours on rencontre plusieurs églises et de magnifiques palais. Citons le palais Ruspoli dont le rez-de-chaussée est occupé par un café le plus vaste de Rome et qui a son entrée sur la place de Saint-Laurent *in Lucina*, le palais Torlonia au n° 374, et le palais Chigi n° 371, qui renferme dans plusieurs salles un grand nombre de tableaux des peintres célèbres, des siècles passés. Une façade de ce palais donne sur la place Colonne ainsi appelée de la superbe Colonne érigée par le sénat et le peuple romain en l'honneur de Marc-Aurèle, pour les victoires qu'il remporta sur plusieurs peuples de la Germanie. Plus loin, au n° 239 on remarque le palais Sciarra qui possède une riche collection de tableaux choisis, regardée comme une des plus importantes de Rome.

Non loin du Palais Sciarra nous avons visité l'imposante et magnifique église dédiée à Saint-Ignace. Les fresques de la grande voûte appartiennent au jésuite Pozzi et sont regardées comme une œuvre d'un grand mérite. Près de la porte latérale on voit le superbe tombeau de Grégoire XV, œuvre de M. Le Gros. Dans l'imposant édifice du collége Romain qui est annexé à cette église, on nous a montré la chambre qu'avait occupée saint Ignace de Loyola et celle qu'avait habitée saint Louis de Gonzague.

L'église de Sainte-Marie *in via lata*, a son entrée sur le *Corso*. On croit qu'elle a été construite sur l'endroit où demeura saint Paul chez le Centurion qui, selon les actes des apôtres, le conduisit à Rome par ordre de Festus. On pense aussi que la source de l'église souterraine jaillit miraculeusement pour servir à baptiser ceux qui furent convertis au christianisme par saint Paul d'après les mêmes actes. Le tombeau qui est au fond de le nef à gauche fut élevé en 1850 à Zenaïde Bonaparte, nièce de Napoléon 1er, morte à Naples en 1854. Cette église est contigue au Palais Doria, un des plus grands et des plus somptueux de Rome. La galerie des tableaux se composent de douze salles immenses renfermant les œuvres des plus grands artistes. On y rencontre de plus un superbe musée de sculptures antiques et plusieurs salons qui luttent de magnificence et de splendeur.

A gauche de la place de Venise, au n° 135, est le palais Torlonia, regardé comme un des plus élégants de Rome, et en face de ce palais, un immense et gigantesque édifice couronné de créneaux; c'est le palais de Venise construit en partie avec des pierres tombées du Colisée. Plusieurs papes l'ont habité. Clément VIII le céda à la république de Venise pour son ambassadeur. Il appartient aujourd'hui à l'empereur d'Autriche.

Une des plus grandes et des plus riches églises de Rome, est celle du Gésu. Les sculptures en marbre, les peintures à fresque, et les stucs dorés donnent à cette église un aspect imposant et majestueux. La chapelle de Saint-Ignace peut être considérée comme la plus somptueuse de Rome. Les quatre colonnes qui la décorent sont incrustées de lapis-lazzuli avec des liteaux de bronze doré ainsi que les bases et les chapiteaux. Les piedestaux des colonnes, la corniche et le fronton qu'elles soutiennent, sont de vert antique. Dans le fronton, le globe que soutiennent des anges est le plus beau et le plus grand morceau de lapis-lazzuli que l'on ait jamais vu. Le corps de saint Ignace se conserve sous un autel dans une urne en bronze doré, orné de pierres précieuses. Cette église appartient aux jésuites; en sortant par son entrée principale on se trouve en face du Capitole.

Forum de Trajan. — Nous avons passé trop souvent devant le forum de Trajan pour ne pas lui consacrer un souvenir. La colonne de ce forum est la fameuse colonne Trajane, la plus belle qui ait jamais existé. Le Sénat et le peuple romain la dédièrent à Trajan pour les victoires qu'il remporta sur les Daces. Elle est d'ordre dorique, composée de trente-quatre quartiers de marbre blanc de Carrare. La hauteur de cette colonne est de cent trente deux pieds, son sommet est au niveau du mont Quirinal. Un escalier intérieur creusé dans le marbre conduit jusqu'à la plate-forme où reposait la statue de Trajan, remplacée par celle de saint Pierre. Cette colonne est surtout remarquable par les magnifiques bas-reliefs qui la décorent de la base au chapiteau, et qu'on a toujours regardés comme des chefs-d'œuvres de sculpture et de modèle pour les artistes.

Cette colonne était un des plus beaux ornements du Forum de Trajan qui lui-même surpassait tous les autres Forums en richesse et en splendeur. Il était entouré de portiques à colonnes décorées de statues en bronze doré; il y avait une basilique où l'on rendait la justice, un temple dédié à Trajan après sa mort et la célèbre bibliothèque Ulpienne. Ce qu'on voit aujourd'hui de ce forum est à peu près le tiers de la surface qu'il devait avoir puisque sa longueur était d'environ quatre cents mètres et sa largeur de deux cents mètres. Les tronçons de colonnes de granit qui sont dressés dans l'enceinte appartenaient aux péristyles intérieurs. Et toutes ces imposantes ruines sont chargées par le peuple-roi de raconter sa gloire et ses grandeurs aux générations à venir. Le marbre et le bronze sont devenus comme les pages immortelles de son histoire.

Heureux le pèlerin qui au lieu d'une simple visite à la Ville-Eternelle peut y faire un séjour prolongé. Désireux de voir beaucoup, nous avons été obligés de voir vite et par conséquent de nous priver d'une infinité de détails intéressants qui échappent dans un examen rapide et précipité. Si ces notes et ces souvenirs ne sont le plus souvent qu'une sèche nomenclature d'objets et de pays visités, c'est que ces pages ne sont point destinées à former un livre réservé au public. Pour ne pas perdre tout le fruit d'un si beau voyage, j'ai cru bien faire d'en tracer les principales lignes afin que mes co-voyageurs et moi nous puissions de temps en temps, au moyen de ces notes, revoir par le souvenir tout ce qui nous a le plus frappé, et donner à ceux qui les liront le désir de faire le même voyage.

De Rome à Naples. En sortant de Rome pour faire une excursion dans le midi de l'Italie jusqu'à Naples, nous avons revu Sainte-Marie Majeure et l'antique basilique de saint Jean-de-Latran. Et puis, nous sommes entrés dans la campagne désolée qui avoisine la ville de Rome. Bientôt mille ruines s'offrent à nos regards. Voici l'immense aqueduc de l'empereur Claude bien conservé et restauré par les papes sur un parcours de plusieurs kilomètres. On le rencontre longtemps encore dressant çà et là ses arcades ruinées. Au milieu de ces vastes plaines arides et desséchées aujourd'hui, mais couvertes en partie de pâturages et de moissons dans les jours du printemps, on voit debout comme des fantômes immobiles, quelques vieux pans de mur, relique précieuse, page égarée de l'histoire du grand peuple. Sous ces constructions écroulées, que de plantes grimpantes semblent protéger d'un manteau vert, que de souvenirs ne trouverions-nous pas, si ces pierres pouvaient nous dire tout ce qu'elles ont vu et entendu, que de noms historiques sont peut-être ensevelis sous ces décombres. Et sans respect pour le vaste cimetière de la grandeur de l'antique Rome, la vapeur bruyante, court, vole, impatiente, jetant ses cris perçants aux échos endormis de ces ruines séculaires.

A notre gauche, nous voyons bientôt se dresser les Apennins, avec leurs chataigners et leurs chênes toujours verts. Aux pieds de ces montagnes, on voit épars çà et là d'immenses troupeaux de buffles, aux formes peu gracieuses et dont les cornes allongées en spirale, doivent être de terribles défenses. A notre droite, des plaines sans fin où des champs de vignes et d'oliviers, forment de loin en loin de délicieuses oasis sous un soleil de plomb, et la mer à l'horizon que nous distinguons à la zone de nuages bleus qui bornent nos regards.

A la station d'Albano, jolie petite ville suspendue au flanc d'une verte colline, nous sommes tout près de Castel-Gandolfo, campagne d'été du souverain Pontife.

A Velletri, la campagne devient plus fraîche et plus cultivée, nous allons traverser une des branches des Apennins. A Céprano, quelques moments de halte nous permettent de faire un déjeuner remarquable par sa frugalité, et qui nous fait regretter Andréa et Marino.

Partis à six heures du matin, nous arrivons à une heure après midi, sur les frontières des États pontificaux. Le voyage nous a paru très-court, parce qu'il s'est fait en compagnie de trois charmants jeunes gens français d'origine et fervents catholiques, négociants dans la rue de Tolède, à Naples. C'est justice de dire ici, combien nous avons été édifiés de leur bonne tenue, de leur complaisance et de leur piété.

Arrivés à Isoletta, nous nous trouvons dans le royaume des annexions; tous les voyageurs sont obligés de descendre. On nous divise par pelotons ou par escouades, et sans nous prévenir, on nous soumet tour à tour, pendant quelques minutes, dans une salle à un bain de vapeurs ammoniacales. Les conduits olfactifs sont bien irrités; chacun s'arme d'oranges, de citrons, de mouchoirs, mais la médecine est prise, la quarantaine est faite, ceux qui avaient le choléra ne l'ont plus, ils sortent de la piscine salutaire. Naples peut ouvrir ses portes. Les voyageurs de Rome, viennent de laisser à la frontière tout germe d'épidémie.

Dans la gorge des hautes montagnes desséchées qui sont à la station d'Aquino se trouve la ville de ce nom, berceau du grand théologien du moyen-âge, de saint Thomas d'Aquin, surnommé l'Ange de l'Ecole. A peu de distance d'Aquin, nous passons sous le mont Cassin, illustré par saint Benoît qui l'a fait bâtir au sixième siècle. Le monastère célèbre qui couronne cette haute montagne, appartient aux savants bénédictins qui ont accumulé dans leur bibliothèque, tous les principaux chefs-d'œuvre de l'antiquité, ce qui a fait surnommer ce couvent, l'asile des sciences. Dernièrement encore, cette maison a été l'objet des préoccupations de plusieurs sociétés savantes, à l'occasion des lois portées en Italie contre les ordres religieux. C'est sur ces hauteurs qu'eut lieu l'entrevue si touchante de saint Benoît et de sainte Scholastique sa sœur.

Après quelques heures de marche, nous arrivons à Capoue, place forte en plaine, naguère témoin des derniers efforts des troupes royales contre Garibaldi, et autrefois par ses délices, le tombeau de l'illustre carthaginois Annibal, au lendemain de la victoire de Cannes, qui pouvait lui ouvrir les portes de la ville de Rome.

Nous commençons à découvrir distinctement devant nous, le sombre et formidable Vésuve, calme et tranquille aujourd'hui, mais toujours prêt à gronder et à vomir ses laves brûlantes, ses pluies de pierres, et des torrents de feu, qui portent partout la désolation, la ruine et la mort. A notre droite, l'île d'Ischia, nous montre ses montagnes élevées, d'où l'on peut jouir d'un magnifique panorama sur Naples, sur la mer et sur les côtes de l'Italie.

Nous sommes aux premiers jours du mois de juillet, la chaleur est accablante, et nous fait presque oublier que nous voyageons sous le beau ciel de Naples. Si d'après saint François-de-Sales il faut être à l'aise pour bien prier, il faut y être aussi, je crois, pour bien admirer.

Caserta, Caserta, je regarde, nous sommes en présence du somptueux palais royal de Caserte, que Ferdinand II préférait à ses autres résidences. Les eaux abondantes qui s'y trouvent, les cascades que nous entrevoyons par la porte principale; l'immense cour qui précède le palais, les magnifiques jardins et le parc, la route royale avec ses deux rangs de grands arbres qui arrive de sept à huit kilomètres, en ligne droite, jusqu'en face du palais, font de cette demeure un véritable Eden pour ceux qui doivent l'habiter.

Saluons, en passant, Maddalone avec ses belles constructions et ses deux grandes tours qui ont peu souffert dans les guerres que le héros d'Aspromonte a promenées dans le midi de l'Italie. Voici le tunnel où s'engage le chemin de fer de Brindes, et plus loin, du côté opposé, la voie qui conduit à Gaëte.

Nous ne sommes bientôt plus qu'à une heure de l'antique Parthénope. La vapeur semble impatiente d'arriver, aussi presse-t-elle le pas pour réparer peut-être ses retards et ses lenteurs. Quelles belles campagnes que nous traversons ! quelle riche végétation ! comme les terres sont bien cultivées ! Nous retrouvons de gracieuses guirlandes de vignes reliant ensemble les arbres nombreux qui ombragent les champs. Et si nous connaissions mieux l'harmonieuse langue du poète de Sorrente nous dirions en Italien que les branches de la vigne se marient aux branches de l'ormeau. Mais trêve de poésie, nous voici en gare de Naples, obligés de subir une seconde fumigation pour nous purifier de tous les miasmes cholériques que nous pourrions apporter de Rome.

Ruines de Pompéi. — Le lendemain de notre arrivée à Naples, nous nous empressons d'aller nous ensevelir, pendant deux heures, dans les ruines de Pompéi. Grâce au chemin de fer, c'est une simple promenade sur le bord de la mer et aux pieds du Vésuve. Pompéi était, comme on le sait, une ville très-populeuse, le rendez-vous des gens de plaisir, et digne sœur, par la licence de ses mœurs, des villes de Sodome et Gomorrhe. Irrité sans doute par ses honteuses débauches, le Seigneur ensevelit un jour cette ville impudique sous un déluge de pierres, de soufre et de feu, vomi par le Vésuve.

Les plantes grasses croissent en abondance dans la cendre qui couvre encore la partie de la ville qu'on n'a pas déblayée. Les nombreuses rues que nous avons parcourues, sont toutes en ligne droite, fort étroites, ont de petits trottoirs et portent encore, sur les immenses pierres qui forment le pavé, l'empreinte des roues des voitures. Le plus souvent les maisons n'avaient qu'un rez-de-chaussée dans la disposition suivante : l'Atrium ou le Vestibule où nous rencontrions pour l'ordinaire une belle mosaïque à sujet, venait ensuite une petite cour qui allait en pente douce vers le centre pour recevoir les eaux de la maison et que pour cela on appelait le *pluvium*. Les chambres des hommes étaient rangées autour du pluvium d'où nous sommes entrés, toujours en ligne droite, dans le *Tablinum* ou salle de conversation. Le *Tablinum* s'ouvre sur un jardin, vrai parterre avec jet d'eau et péristyle. Puis enfin la salle à manger et les chambres des femmes disposées tout autour.

Et presque partout de lascives peintures, reflets impudiques de la vie débauchée qu'on menait dans cette nouvelle Sodome.

La basilique de la justice et le temple de Vénus sont les deux premiers monuments que nous visitons en entrant dans cette ville maudite ! Bien entendu que notre excursion se fait à ciel ouvert, les toitures des maisons s'étant effondrées dans l'affreuse catastrophe qui fit de cette voluptueuse cité un immense tombeau. Le forum civil, que nous parcourons dans tous les sens, nous offre son portique ruiné et une partie des colonnes qui portaient les statues des consuls. Il est entouré par une grande partie de monuments publics. Voici le Panthéon, asile de tous les dieux, tout près du temple de Jupiter et celui de l'empereur Auguste, où nous avons remarqué d'admirables peintures bien conservées retraçant quelques scènes de la vie d'Auguste, de celle de Thésée, d'Ulysse et de Pénélope. La salle du Sénat est en forme d'hémicycle et celle de la Bourse possédait un magnifique portique.

La rue de l'Abondance, que nous suivons, est la rue principale. En prenant la rue du Théâtre, nous arrivons à l'Amphithéâtre tragique ou les dames, les consuls et même les vestales avaient leurs places réservées. Des plus hauts gradins de l'amphithéâtre nous voyons devant nous Castellamarre et Sorrente coquettement assises aux pieds des montagnes et sur les bords de la mer qui leur sert de miroir. Derrière nous se dresse, toujours menaçant, le sombre Vésuve et ses cratères seulement endormis.

La route qui est devant nous conduisait à Stabies, cette maison appartenaient à Caius Cornelius Rufus. On y voit encore la chapelle des dieux pénates et des paysages parfaitement conservés.

Sous le ciel amollissant de Naples la paresse, l'oisiveté, si vous préférez, était et est encore le défaut dominant du bien de monde, c'est ce que explique l'inscription suivante que nous avons lue sur la muraille d'une pharmacie *otiosis locus hic non est, discede morator* ; traduction libre, il n'y a pas de place ici pour les oisifs, retire-toi, lambin.

Plus loin notre guide nous montre une maison de jeu assez désignée par son enseigne, *salve lucrum*. O gain, je te salue. Dans la salle à manger les peintures murales représentent les triomphes d'Hercule, et Vulcain présentant le bouclier à Achille. Ici on a trouvé du pain carbonisé dans un four. Cette grille de fer calcinée et incrustée de petites pierres volcaniques est encore à la croisée qu'elle fermait quand le Vésuve engloutit Pompéï. Ces chaudières appartenaient à une fabrique de savon, et toutes ces amphores annoncent une boutique de vin. Il y en avait d'ailleurs un très-grand nombre dans cette ville de plaisir où le vin, comme partout, engendrait la luxure.

Une des curiosités les plus remarquables est la fontaine toute en mosaïque avec une multitude de coquillages de différentes couleurs formant plusieurs desseins parfaitement réussis. Comme ces canards et ces oiseaux sont pleins de naturel, vit-on jamais rien de plus saisissant que ce coq effrayé ? Encore des boutiques de vin et tout à côté des pierres meulières pour broyer le blé. Voyez dans le jardin de la maison de Lucrétius toutes ces petites statuettes en marbre, rangées autour du bassin, elles sont à la place où les surprit la catastrophe.

Pompéï possédait plusieurs *quadruvium*, en voici un d'où partent la rue du Vésuve et celle de la fontaine, la rue de Stabie et celle de Nole. Près de nous est une des plus grandes maisons de Pompéï, on l'appelle la maison du Faune dansant, d'un groupe de marbre représentant un Faune dansant. On a trouvé dans les chambres des objets de toilette, des anneaux et des bracelets, et ce qui montre surtout l'importance de cette maison, c'est le petit et le grand jardin qu'elle possède avec un grand nombre de stucs polis comme du marbre. On nous y montre une magnifique mosaïque représentant une bataille entre Alexandre et Darius.

Rien de mieux organisé que les bains publics réservés aux sybarites habitants de Pompéï. Ici une magnifique salle d'attente, voici les bains chauds, voici les bains froids, de ce côté la salle des parfums et des pommades odoriférantes, tout ce qu'il faut en un mot pour entretenir la mollesse et la sensualité. On croit reconnaître par l'inscription *cano canam*, je chante, je chanterai, la demeure d'un poëte tragique, toute voisine d'une boulangerie qui montre encore ses meules et ses fours.

Sur la voie Appienne le guide nous a montré les squelettes de toute une famille carbonisés et pétrifiés par la lave brûlante, le mari avait sa tête cachée entre ses bras comme pour éviter la mort affreuse qui le menaçait, et près de lui sa femme, l'anneau nuptial à son doigt, semblait être morte dans les convulsions du désespoir.

Après avoir traversé la porte d'Herculanum avec sa guérite pour la sentinelle, nous sommes entrés dans la large rue des tombeaux qui la bordent de chaque côté. Cette villa que nous voyons à droite appartenait, dit-on, à Cicéron, cet hôtel était destiné à recevoir les personnes de la campagne qui arrivaient quand les portes de la ville étaient fermées. Voici les tombeaux des gladiateurs, voici ceux des consuls. Dans ce columbarium, on conservait les cendres des morts qu'on brûlait.

Cette immense maison appartenait à Diomède de Sicile, elle avait un premier et un second étage, ce qui était rare à Pompéï. Dans les vastes souterrains qui servent de cave, on a trouvé les squelettes de dix-sept personnes qui espéraient se mettre à l'abri du fléau terrible qui grondait sur leur tête ; parmi ces malheureuses victimes, un jeune homme portait un collier d'or avec cette inscription *Julius filius Diomedis*, Jules fils de Diomède. Le long des murs de ces caveaux, nous avons vu rangées par ordre les nombreuses amphores de vin destinées au service de cette maison importante. Nous avons visité le petit et le grand jardin dont la porte donnait sur la mer, quand autrefois elle baignait presque les murs de Pompéï : c'est à cette porte qu'on a trouvé les squelettes de trois voleurs ou du maître et de deux serviteurs fuyant à toutes jambes et surpris par le torrent enflammé ayant à la main des bourses pleines d'argent.

Et voici, que depuis des siècles la cité voluptueuse dormait ensevelie sous son linceul de cendre et de pierre. On veut enfin savoir ce que renferme cet immense tombeau et l'on trouve une ville de plaisir dé-

truite par un déluge de pierres, de souffre et de feu ; voici les rues où
de riches et somptueux carrosses traînaient la mollesse et la sensualité
des infâmes héritiers de Sodome et de Gomorrhe, un silence sépulcral
remplace aujourd'hui le tourbillon étourdissant des amusements et des
fêtes joyeuses dont ces demeures offraient chaque jour la séduction
enivrante. Le monstre depuis des siècles contemple à ses pieds la victime de ses terribles fureurs, glorieux et fier, dirait-on, d'avoir réduit
au silence de la mort la ville bruyante des plaisirs impudiques.
Comme la vue de ces imposantes ruines, surtout le soir par un ciel
plein d'étoiles, doit élever l'âme au dessus des frivoles préoccupations
d'ici-bas. Si l'aspect d'un cimetière nous remplit de tristesse, celui des
ruines de Pompéï élève l'horizon de nos pensées et nous montre la
grandeur et la puissance de Dieu, creusant un large tombeau aux
cités comme aux peuples qui l'oublient et le blasphèment.

En revenant de Pompéï comme en y allant, on longe toujours la
baie de Naples, la plus belle du monde avec les montagnes vertes qui
l'entourent, ses plaines si fertiles, ses riantes villas, son soleil éclatant,
et sa mer dont les flots sont aussi limpides et purs que l'eau claire des
fontaines.

La propreté n'est pas de beaucoup la vertu principale du peuple na-
politain, surtout sur les quais et dans les rues où se tiennent les mar-
chés ; c'est un pêle-mêle, une confusion dégoûtante de légumes et de
denrées en tous genres à vous fermer l'estomac pour huit jours, et trop
souvent la misère en guenilles, gardienne de ces monceaux de légumes
et de fruits dévorés par les mouches, vient foncer la couleur de cet
étrange tableau. En France nous disons d'une femme qu'elle aime son
intérieur; ce serait difficile d'en dire autant d'une partie des habitants
de Naples qui se livrent au commerce, surtout dans un grand nombre
de rues étroites; là, chaque magasin étale dans la rue tout ce qu'il
peut de ses marchandises qu'il entasse les unes sur les autres au
point que deux personnes de front ne peuvent plus passer, et chaque
famille travaille en plein air à l'ombre de ces montagnes de draperie,
de linge ou de coton. Les peuples des pays chauds, on le sait, n'ont
pas besoin d'une nourriture abondante ; cependant il faut que le Na-
politain soit tombé dans un degré bien bas de pauvreté pour demander
à un épi de maïs bouilli de soutenir son existence. Nous nous trouvions dans une rue très-large dont l'aspect annonçait la présence dans
le quartier d'ouvriers pauvres et gênés. Au milieu de la rue, à des in-
tervalles assez éloignés, grand fut notre étonnement d'apercevoir des
chaudières sous lesquelles on entretenait un feu assez actif, et plus
grande encore fut notre surprise d'y voir bouillir des épis pleins de
maïs qu'on vendait au détail à qui en demandait.

Oubliant ces remarques peu flateuses, Naples offre à l'étranger quelques belles places, quelques palais à visiter, et surtout son musée qui
renferme les principales curiosités trouvées dans les fouilles de Pom-

pél. On nous avait recommandé de faire en voiture une excursion au Pausilippe et de revenir par la Grotte ; mais le temps que nous avions à rester nous priva de cette promenade ; nous préférâmes parcourir quelques quartiers de la ville et suivre avec attention la grande et belle rue de Tolède, si recommandée aux étrangers. Quand on a dit voir Naples et mourir, on n'a pas bien sûr voulu parler de ses rues et ses palais aussi riches et aussi grandioses dans les autres capitales de l'Italie, mais on a voulu parler de l'impression qu'on éprouve quand d'un seul coup d'œil on embrasse Naples et l'heureuse place que la Providence lui a donnée sous le beau ciel de l'Italie.

Sans avoir envie de mourir, nous voulions voir Naples dans toutes les séductions qui charment et captivent tous ceux qui la contemplent. La route était longue et pénible, nous avions à gravir une côte très-rapide. A chaque instant, devant nous passaient comme des éclairs, des curieux montés sur des roussins d'Arcadie. Cette façon d'aller, excita d'abord nos sourires, bientôt nous fûmes envieux de l'expérimenter, mais un faux respect humain combattit longtemps nos désirs, un prêtre italien consulté, nous tira d'embarras et vint au secours de nos jambes fatiguées, *no signor*, dit-il, *no ridicoloso, se posse*. Aussitôt chacun de nous se met en quête de son humble monture, nous sommes dessus non sans rougir un peu et sans craindre les lazzis et les sourires de la rue que nous traversions ; mais on est sans doute habitué à ce genre de cavalcade, personne ne fait attention à nous ; nous sommes les seuls à rire de notre position. Nous dévorons l'espace, en soulevant des flots de poussière, tantôt la bête essoufflée nous demande pitié, et tantôt nous devons tempérer son ardeur qu'aiguillonnent la verge et les cris sauvages de l'ânier qui nous conduit. Ainsi faite, la route d'abord pénible, devint pleine de charmes.

Arrivés sur les hauteurs de la colline, nous abandonnons nos intrépides coursiers à leur triste sort et nous entrons dans la villa Marotta, pour jouir du magnifique panorama qui se déroule sous nos yeux. C'était le soir, un peu avant le coucher du soleil, devant nous le sombre Vésuve se couronnait déjà de vapeurs indécises, dans le lointain, semblables à des cygnes immobiles à la surface des flots, quelques maisons blanches indiquaient Castellamarre et Sorrente ; près de nous, à nos pieds, Portici et l'antique Parthénope échelonnées au flanc de trois vertes collines, offraient à nos regards, leurs villas couronnées de verdure et pleines de parfums. Le chemin de fer de Rome, le Campo-Santo, le palais de Cassel-Monte, le Corso de Victor Emmanuel, la cathédrale de saint Janvier, le palais de Tolède, souvenir des princes espagnols, la porte saint Janvier dessinaient leurs imposantes lignes à travers les maisons napolitaines presque toutes badigeonnées en jaune et rose-clair. Derrière nous, la forteresse de saint Martin dressait ses bastions, chargés de protéger et la ville et le port. Nous avions à notre droite, ce golfe si chanté et si digne de l'être, dont les vagues tranquilles, dorées par les rayons du soir, reproduisaient mille fois les magnificences qui fascinaient nos yeux! Sur nos têtes, le ciel le plus pur, à l'horizon, le soleil le plus radieux, inondant de ces feux adoucis ce tableau enchanteur, arrachaient à nos lèvres ce cri d'admiration : voir Naples, et puis vivre pour la revoir encore.

Retour par mer. — Nous ne faisons pas d'adieux à Rome et à l'Italie, nous leur disons : au revoir. Un dernier regard sur la coupole de saint Pierre, et sur les autres monuments qui disparaissent peu à peu derrière nous, et la vapeur nous emporte à travers d'immenses plaines, jusqu'au bord de la mer que nous allons traverser pour revenir en France. C'est à Civita-Vecchia que nous nous embarquons sur le Prince Napoléon. Au début de notre voyage, grande fut notre joie, à la pensée de visiter, quoique rapidement, Rome et l'Italie, mais avouons-le, quand sonna l'heure du retour, nous sentîmes grandir en nous l'amour de la patrie absente, et pleins d'une secrète émotion, nous cherchions du regard et du cœur dans la brume lointaine, les côtes de France dont nous étions séparés par deux jours de traversée.

Le temps est magnifique pendant toute la journée; vers le soir le vent s'apaise, les flots prennent une teinte foncée de bleu, les montagnes de l'île d'Elbe que nous longeons s'assombrissent sous le déclin du jour. Les nuages qui dominent cette île, rendue célèbre par l'exil du grand capitaine de ce siècle, ressemblent à des montagnes plus hautes, teintes des derniers rayons du soleil; plus loin, moins dessinées, les côtes de la Toscane. Devant nous, vous croiriez à un incendie; l'horizon est embrasé, on dirait un feu d'artifice ou dominent les feux de Bengale. Le Prince-Napoléon, qui tout à l'heure semblait devoir multiplier les fatigues déjà éprouvées, glisse sans secousse sur les vagues tranquilles.

Le soir est venu, la nuit s'annonce devoir être très-belle. Pas d'autres nuages que ceux qui errent sur les côtes montagneuses et qui se détachent sur un fond d'or, comme des ombres de géant. Dans le ciel le plus pur, le croissant de la lune qui nous promet de nouveaux charmes et de nouvelles perspectives. Au-dessus des vagues, volent près du vapeur, les goëlands éclatants de blancheur, la mouette qui rase souvent les flots et d'autres oiseaux de mer, que l'œil du passager se plaît à poursuivre dans leurs évolutions capricieuses.

A notre gauche, le mont ou le pic désormais immortel par les soins d'un de nos illustres romanciers, qui a donné son nom a une de ses créations : *Monte-Christo*. Plus loin, confondues avec les flots, les montagnes de la Corse. Vers minuit, nous devons doubler le cap de ce nom.

Presque tous les passagers ont voulu jouir le plus longtemps possible du spectacle magnifique qu'offrait la mer par la plus belle des nuits. D'un ciel sans nuages étincelant de mille feux, l'astre des nuits laissait tomber sur les flots ses douces clartés qui, multipliées à l'infini par le miroir changeant des vagues, donnaient à une partie de la mer l'aspect éblouissant d'une plaine couverte de lames d'argent. Le sillage du vaisseau ressemblait à la voie lactée. Le clapotement des vagues, le vent gonflant les voiles, interrompaient seuls le silence qui régnait sur le pont parmi les passagers occupés à admirer un tableau si imposant que beaucoup voyaient pour la première fois. Une nuit bien belle aussi, et pleine de grandes émotions fut celle qu'un mois avant nous avions employée à traverser les Alpes par les cîmes neigeuses et les gorges profondes du Mont-Cénis.

Nous avions à bord trois évêques, celui de Terre-Neuve, celui de la Basse-Terre et l'archevêque d'Aix. Avant d'aller prendre quelques heures de repos, réunis sur le pont, tous les passagers dans un chœur bien nourri jettent aux échos de la mer et du ciel les chants harmonieux du *Magnificat* ! Quel moment solennel que celui de la prière redite partout un équipage à genoux dans le silence des nuits aux rêveuses clartés d'un ciel plein d'étoiles ! Comme l'homme suspendu sur l'abîme sent sa faiblesse et la puissance de Celui à qui appartiennent l'étendue des cieux et l'immensité de l'Océan ! A cette heure, la prière est facile, la nuit avec ses terreurs, la mort avec ses dangers, la mer qu'on a sous ses pieds, tout invite à se soumettre au Créateur de toute chose. Le chœur puissant se tait, et la douce voix de l'archevêque plane au dessus de l'assemblée, il invoque le secours de Dieu, et de sa main sacrée, il bénit les passagers, il bénit la mer pour qu'elle soit sans orage, et l'assistance répond, et les échos redisent: Amen, qu'il en soit ainsi.

Au milieu de la nuit pendant que la plupart des voyageurs reposaient plus ou moins tranquilles dans leur cabine, un vent violent se lève et pendant trois ou quatre heures, un assez mauvais temps travaille la mer et fait éprouver à notre vapeur toutes les secousses du tangage et du roulis. Quelle horrible nuit a essuyé une partie des passagers. Il est difficile d'exprimer les bouleversements douloureux et les souffrances atroces qu'impose le mal de mer, à ceux qui sont obligés de le subir. Le cap Corse à doubler et le golfe de Gênes à traverser, ont occasionné bien du malaise, comme on pouvait le constater à l'heure des repas. Ce n'est qu'en vue des côtes de Nice que la mer s'est montrée plus clémente aux pauvres passagers.

Pendant que nos regards cherchent, dans l'horizon lointain, quelque point à signaler, de joyeux refrains nous apprennent que nous sommes en vue des côtes de la patrie, et vite un groupe se forme pour chanter à l'unisson : *Vers les rives de la France, voguons en chantant*, etc., etc. Voici, en effet, là bas, un peu confusément, les îles d'Hyères et de Lerins, la petite ville de Cannes, séjour délicieux aux jours froids de l'hiver, le littoral tout garni de forts, la ville de Toulon qui se baigne dans la mer, et la Sainte-Baume qui nous parle de Marie-Madeleine, voyageuse, un jour, au pays de Provence.

Quoique pélerins de Rome, la France ne craint pas que ses enfants et ses prêtres lui portent le choléra, point de quarantaine, point de fumigations ridicules, le port de la Joliette nous est tout large ouvert, et nous débarquons à Marseille après trente quatre heures de navigation et trente jours de voyage consacrés à visiter Rome et l'Italie.

La Vierge de Fourvières, à Lyon, en recevant nos prières, avait béni notre départ, celle de la Garde, à Marseille, reçoit nos actions de grâces pour notre heureux retour, et un cierge brûle à son autel, comme un hommage rendu a sa protection maternelle.

Des hauteurs du rocher de la Garde, nous voyons comme dans un vaste et magnifique panorama que notre souvenir anime et déroule devant nous, toutes ces plus étonnantes merveilles qu'il nous a été donné de contempler. C'est d'abord la grandeur et la majesté de Dieu dans la masse gigantesque et imposante des montagnes et dans l'immensité des mers ; comme l'homme est petit, comme il est faible, écrasé par les cimes séculaires des hautes montagnes, ou balloté comme un liège sur les abîmes de l'Océan. Et puis, ce sont les grandeurs et les gloires de la Sainte-Vierge dont les sanctuaires sont assiégés par les pèlerins de toute langue et de tout climat, à Fourvières comme à Lorette, à Rome et dans mille chapelles d'Italie, comme à Notre-Dame de la Garde à Marseille. N'oublions pas les gloires et les triomphes de l'homme dans ces toiles magnifiques et toutes ces peintures qui ont si souvent provoqué notre admiration avec tant d'autres chefs-d'œuvre que tous les beaux-arts ont semé pour ainsi dire sous le beau ciel d'Italie. L'affreuse catastrophe de Pompeï nous rappelle éloquemment combien sont terribles les surprises de la mort et les châtiments que Dieu réserve aux peuples qui vivent dans la mollesse et les plaisirs. Au souvenir des ruines de Rome payenne nous assistons au triomphe que l'Église dut acheter par trois siècles de catacombes et par le sang de plusieurs millions de martyrs. Et oubliant un moment les angoisses et les douleurs de l'heure présente, notre esprit et notre cœur reviennent avec plaisir au milieu de ces fêtes imposantes du centenaire où l'Église catholique réunie des quatre vents de la terre dans un même amour et une même foi, affirmait son existence et son dévouement inviolable au successeur de saint Pierre, au doux, aimable, paternel et saint Pontife qui porte le grand nom de Pie IX.

Telles sont les principales lignes de cet intéressant voyage, entrepris surtout pour voir et contempler le glorieux et immortel vieillard du Vatican dont la révolution, l'ingratitude et l'exil ont fait la plus belle figure de ce siècle.

Et ce dernier regard sur la route parcourue servira de dernier souvenir.

L'abbé E. Verdeney.

TABLE

DES MATIÈRES.

De Périgueux à Lyon. — Fourvières. — Chambéry. — Le Mont-Cénis. — Turin. — Magenta. — Milan. — Plaisance. — Parme. — Bologne. — Ancône. — Lorette. — Maison de la Ste-Vierge. — Castelfidardo.................................... 1

Rome. — La Basilique et la coupole de St-Pierre. — St-Jean-de-Latran. — St-Clément. — Le Colysée. — Arc-de-Constantin. St-Laurent. — Ste-Marie-Majeure. — S^{to}-Croix. — Le Pape à St-Jean-de-Latran. — St-Paul. — L'Ara-Cœli............. 21

Le Capitole. — Roche Tarpéienne. — Prison Mamertime. — Le Forum. — Arc de Septime Sévère. — Arc de Titus-Palais des Césars. — Église de St-Augustin. — Place Navone. — St-Agnès-hors-les-murs. — Ste-Marie-de-la-Victoire. — L'Eau Felice.. 33

Palais Barberini. — St-André et M. de Ratisbonne. — Fontaine de Trévi. — Place d'Espagne. — Les Papes et la Révolution. — Le Quirinal. — St-Louis-des-Français. — Le Panthéon. — Les Catacombes... 44

Le Vatican. — Audience des prêtres. — Les Musées du Vatican. — Les fêtes du Centenaire. — Le Pincio. — St-Paul aux trois fontaines. — Déjeûner. — Souscriptions pour le Pape. — St-Pierre in Montorio. — Fontaine Pauline. — Porte St-Pancrace. — St-Pierre in Vincoli. — Le Corso. — Le Forum de Trajan. 58

De Rome à Naples. — Fumigations. — Aquino. — Le Mont Cassin. — Capoue. — Caserte. — Naples. — Ruines de Pompéi. — La propreté à Naples. — Asinalcade. — Coup-d'œil. — Voir Naples et mourir................................... 72

Retour par mer. — Le soir à bord du Prince-Napoléon. — La prière. — La nuit. — Mauvais temps. — Notre-Dame de la Garde à Marseille. — Dernier regard et dernier souvenir.... 79

Périgueux, impr. Boucharie et Ce.

www.ingramcontent.com/pod-product-compliance
Lightning Source LLC
LaVergne TN
LVHW020945090426
835512LV00009B/1721